상상을 실현하는
로블록스
게임 만들기

상상을 실현하는 로블록스 게임 만들기

스튜디오 사용법부터 수익화까지, 로블록스 게임 제작의 모든 것

초판 1쇄 발행 2023년 8월 23일
초판 2쇄 발행 2024년 9월 24일

지은이 강태훈, 장준하, D.LAB / **펴낸이** 전태호
펴낸곳 한빛미디어(주) / **주소** 서울시 서대문구 연희로2길 62 한빛미디어(주) IT출판1부
전화 02-325-5544 / **팩스** 02-336-7124
등록 1999년 6월 24일 제25100-2017-000058호
ISBN 979-11-6921-126-0 93000

총괄 배윤미 / **책임편집** 이미향 / **기획 · 편집** 박새미
디자인 윤혜원 / **일러스트** 이진숙 / **전산편집** 김현미
영업 김형진, 장경환, 조유미 / **마케팅** 박상용, 한종진, 이행은, 김선아, 고광일, 성화정, 김한솔 / **제작** 박성우, 김정우

이 책에 대한 의견이나 오탈자 및 잘못된 내용은 출판사 홈페이지나 아래 이메일로 알려주십시오.
파본은 구매처에서 교환하실 수 있습니다. 책값은 뒤표지에 표시되어 있습니다.

한빛미디어 홈페이지 www.hanbit.co.kr / 이메일 ask@hanbit.co.kr
자료실 www.hanbit.co.kr/src/11126

지금 하지 않으면 할 수 없는 일이 있습니다.
책으로 펴내고 싶은 아이디어나 원고를 메일(writer@hanbit.co.kr)로 보내주세요.
한빛미디어(주)는 여러분의 소중한 경험과 지식을 기다리고 있습니다.

상상을 실현하는 로블록스 게임 만들기

강태훈, 장준하, D.LAB 지음

HB 한빛미디어
Hanbit Media, Inc.

상상 속 가상의 세계가 눈 앞에 펼쳐지는 경험!

최근에는 게임을 직접 제작할 수 있는 프로그램들이 많아졌습니다. 그러나 게임의 기획부터 출시까지 하나의 완성된 게임을 만들기 위해서는 다양한 분야의 전문가들이 필요합니다. 폭넓은 지식과 많은 시간이 필요하다 보니 게임 제작을 시작해 보기도 전에 포기하게 되기 마련이죠. 하지만 '로블록스'라는 플랫폼을 이용하면 쉽고 재미있게 게임을 제작하고, 내 친구나 다른 로블록스 이용자들과 함께 플레이할 수 있습니다.

이 책에서는 단순히 게임의 일부분 혹은 몇 가지 기능만 다루는 데서 그치지 않고, 게임에 대한 아이디어를 떠올리고 기획하는 초기 단계부터 출시, 수익화하는 게임 제작의 전 과정을 배울 수 있습니다. 책의 내용을 따라 하기만 하면 멋들어진 3개의 게임을 완성할 수 있죠.

로블록스를 시작하기 위한 기본 개념들을 설명하고, 게임 제작에 필요한 도구와 기술들을 단계별로 알려줄 거예요. 그리고 게임을 만들 때 도움이 되는 실습 예제가 있어 어려울 것만 같은 코딩도 더 쉽게 해낼 수 있어요.

게임을 제작하는 과정에서는 마지막 완성된 결과물도 중요하지만, 어떻게 게임을 기획했고 결과물을 얻기 위해 무엇을 직접 해봤는지가 가장 중요합니다. 과정을 잘 이해하면 결과물에 생긴 문제점들을 분석할 수 있고, 문제를 해결하는 능력을 기를 수 있습니다. 그다음에는 더 나은 게임을 스스로 기획하고 구현할 수 있죠.

이 책을 통해 여러분들이 상상하는 가상의 세계가 눈 앞에 펼쳐지는 즐거운 경험을 할 수 있기를 바랍니다. 나의 상상이 실현되는 공간, 로블록스 메타버스에서 만나요!

지은이 강태훈

차근차근 따라가다 보면 어느새 나도 게임 개발자

많은 게임을 알고 있고 좋아하지만 게임을 직접 제작한다고 생각하면, 생각만으로도 어렵고 막막하게만 느껴질 수 있습니다. 그래서 시작도 못 하는 사람들이 많은 것이 사실입니다. 이 책을 집필하게 된 이유가 바로 여기에 있습니다. 따라 하기만 하면 로블록스로 게임을 만드는 모든 과정과 다양한 기능을 경험해 볼 수 있습니다. 여러분도 나만의 게임을 제작해 친구들에게 공유하고, 함께 즐기는 기쁨을 느꼈으면 좋겠습니다.

로블록스는 3차원의 공간에서 게임을 모델링하고 조작합니다. 처음에는 로블록스 스튜디오의 화면이 익숙하지 않아 어지럽게 느껴질 수 있습니다. 또한 루아 언어를 배우며 영어로 직접 타이핑하거나, 영어로 된 로블록스 홈페이지의 도움말을 보게 되면 갑자기 머리가 지끈거릴 수도 있습니다. 하지만 『상상을 실현하는 로블록스 게임 만들기』와 함께 코드 한 줄, 한 줄의 의미와 설명을 이해해 보고, 차근차근 게임에 기능을 추가해 나가다 보면 어느새 멋진 로블록스 게임을 만들 수 있습니다.

이 책에서는 공중에 떠 있는 위험한 섬을 통과하는 '지형 점프맵'과 UFO를 타고 무시무시한 다차원 공간을 자유 낙하하는 '다차원 드롭퍼', 뜨거운 사막에서 생수를 찾아 살아남는 '극한 생존 게임'을 만듭니다. 떠다니는 하늘섬, 회전하는 레이저 장애물 등 게임에 다양한 기능을 불어넣는 로블록스의 코딩 스크립트는 다른 게임을 제작할 때도 다양하게 응용할 수 있기 때문에 한 번 배워 놓으면 활용도가 매우 높습니다.

이 책을 다 읽고 난 후에는 직접 게임을 기획하고, 빌드해 출시하는 과정을 거치며 여러분 한 명, 한 명이 로블록스 게임의 개발자가 되기를 기대합니다.

지은이 장준하

메타버스(Metaverse) 안에서는 로블록스의 캐릭터가 현실의 나를 대신해 다른 사람의 아바타와 소통하며 게임을 즐길 수 있습니다. 자, 이제 로블록스에서 내가 상상했던 무한의 공간을 만들어 볼까요?

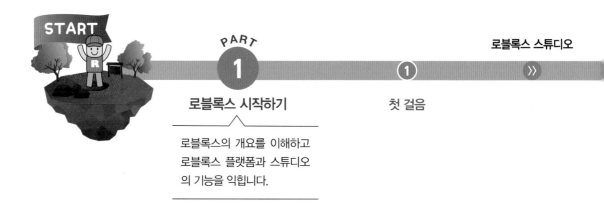

PART 1 로블록스 시작하기

① 첫 걸음 ≫ 로블록스 스튜디오

로블록스의 개요를 이해하고 로블록스 플랫폼과 스튜디오의 기능을 익힙니다.

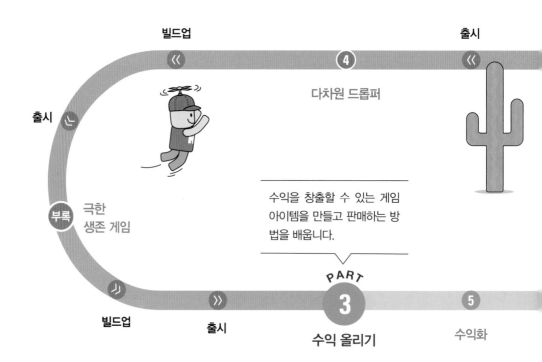

빌드업 ≪ ④ 다차원 드롭퍼 출시 ≪

출시 ↰

부록 극한 생존 게임

수익을 창출할 수 있는 게임 아이템을 만들고 판매하는 방법을 배웁니다.

빌드업 ⌄ 출시 ≫ **PART 3 수익 올리기** ⑤ 수익화

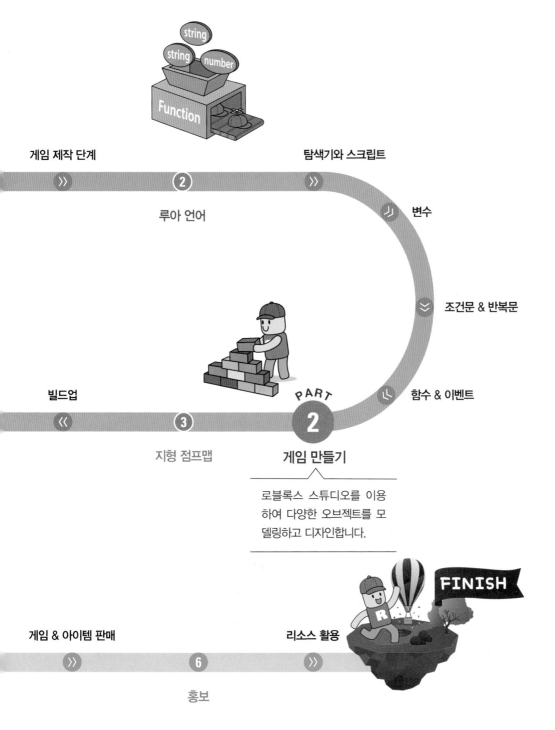

게임 제작 단계

탐색기와 스크립트

(2)

루아 언어

변수

조건문 & 반복문

함수 & 이벤트

빌드업

PART

2

(3)

지형 점프맵

게임 만들기

로블록스 스튜디오를 이용
하여 다양한 오브젝트를 모
델링하고 디자인합니다.

게임 & 아이템 판매

리소스 활용

6

홍보

이 책의 구성

책의 내용을 따라가다 보면 어느새 어엿한 로블록스 게임 개발자가 된 내 모습을 확인할 수 있습니다.
이렇게 활용해 보세요!

게임 제작 순서

게임 제작에 필요한 아이디어와
실행 방법을 단계별로 안내합니다.

따라 하기

상세하게 설명된 따라 하기 과정을
통해 복잡한 스튜디오 속성과 스크
립트도 쉽게 이해할 수 있습니다.

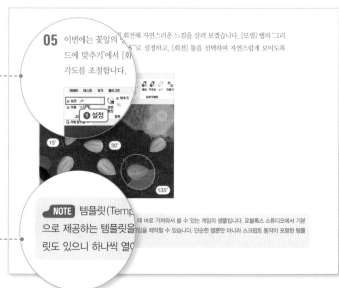

NOTE

지나치기 쉬운 내용이나 알고 있으
면 도움되는 내용을 짚어 줍니다.

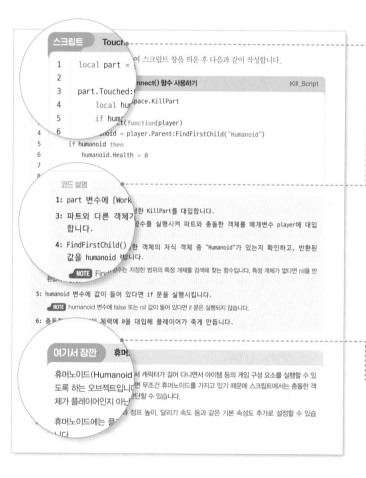

스크립트 & 코드 설명

루아 언어 스크립트를 직접 작성해 보고, 상세하게 풀이된 코드 설명으로 이해할 수 있습니다.

스크립트   Touch...

어 스크립트 창을 띄운 후 다음과 같이 작성합니다.

```
1    local part =
2
3    part.Touched:     nnect() 함수 사용하기                         Kill_Script
4        local hun space.KillPart
5        if hum
6          ct(function(player)
                   noid = player.Parent:FindFirstChild("Humanoid")
    5    if humanoid then
    6        humanoid.Health = 0
    7
    8
```

코드 설명

1: part 변수에 [Work   한 KillPart를 대입합니다.

3: 파트와 다른 객체가
   합니다.   함수를 실행시켜 파트와 충돌한 객체를 매개변수 player에 대입

4: FindFirstChild() 한 객체의 자식 객체 중 "Humanoid"가 있는지 확인하고, 반환된
   값을 humanoid 받니다.

   NOTE Find   수는 지정한 범위의 특정 개체를 검색해 찾는 함수입니다. 특정 개체가 없다면 nil을 반
   환합

5: humanoid 변수에 값이 들어 있다면 if 문을 실행시킵니다.

   NOTE humanoid 변수에 false 또는 nil 값이 들어 있다면 if 문은 실행되지 않습니다.

6: 충돌한   이 체력에 0을 대입해 플레이어가 죽게 만듭니다.

여기서 잠깐   휴머...

휴머노이드(Humanoid   서 캐릭터가 걸어 다니면서 아이템 등의 게임 구성 요소를 실행할 수 있
도록 하는 오브젝트입니다.   면 무조건 휴머노이드를 가지고 있기 때문에 스크립트에서는 충돌한 객
체가 플레이어인지 아닌   단할 수 있습니다.

              나 점프 높이, 달리기 속도 등과 같은 기본 속성도 추가로 설정할 수 있습

휴머노이드에는 플
니다.

여기서 잠깐

반드시 알아야 하는 내용은 아니지만, 좀 더 깊이 있게 알고 넘어갈 내용이나 궁금할 만한 내용을 설명합니다.

CHECKLIST   용을 떠올리면서 결과물을 잘 만들었는지 스스로 체크해 보세요!
지금까지 배운 내   앵커로 고정했습니다.

1   점프 코스에 있는 모든 파   있는 높이로 점프 코스를 만들었습니다.
                              포인트 기능을 적용했습니다.

2   플레이어가 충분히 뛰어   어가 밑으로 떨어지면 사망하도록 설정했습니다.

     스크립트를 작성한

CHECKLIST

앞에서 학습한 내용을 떠올리며, 어려웠던 부분을 다시 한 번 체크할 수 있습니다.

목차

PART 1 로블록스 시작하기

Chapter 1 로블록스 첫 걸음

목차

PART 2 로블록스 게임 만들기

Chapter 3 지형 점프맵

PART 3 로블록스 수익 올리기

Chapter 5 로벅스로 수익화하기

Chapter 6 게임 홍보하기

 극한 생존 게임

뜨거운 사막에서 생수 아이템을 찾아 살아남아야 하는 '극한 생존 게임'을 [무료 특별판] 전자책으로 제공합니다. 극한 생존 게임(부록)은 한빛출판네트워크 자료실(www.hanbit.co.kr/src/11126)이나 온라인 서점에서 무료로 다운로드 및 구매할 수 있습니다.

A-1 게임 설계하기

A-2 프로젝트 만들기

A-3 빌드하기

A-4 UI, 이펙트, 사운드 추가하기

A-5 스크립트 작성하기

A-6 게임 출시하기

PART 1
로블록스
시작하기

로블록스(Roblox)는 게임을 즐기는 플레이어와 게임을 개발하는 개발자 모두가 즐길 수 있는 거
대한 메타버스 게임 플랫폼입니다. 2006년 처음 출시되었으며, 초보자들도 접근하기 쉬운 게임
엔진인 로블록스 스튜디오와 루아(Lua) 프로그래밍 언어로 여러 장르의 게임을 만들 수 있어 큰
인기를 끌고 있습니다. 지금부터 로블록스 게임을 시작하기 위해 필요한 기초 지식을 알아봅
시다.

Chapter 1
로블록스
첫 걸음

메타버스(Metaverse)는 '가상'을 뜻하는 '메타(Meta)'와 '우주'를 뜻하는 '유니버스 (Universe)'를 합친 말입니다. 메타버스 안에서는 현실의 나를 대신하여 나만의 아바타를 만들고 다른 사람의 아바타와 소통하며 게임을 즐길 수 있습니다. 대표적인 메타버스 플랫폼인 로블록스에서 나만의 아바타로 게임을 즐기고, 자신이 꿈꾸던 게임을 직접 만들어 봅시다. 1장에서는 로블록스를 처음 접하는 사람들을 위한 로블록스 게임과 게임을 만드는 도구인 로블록스 스튜디오에 대해 알아보겠습니다.

1-1 로블록스 기초

로블록스는 단순히 게임을 플레이하는 것뿐만 아니라 게임을 직접 만들고, 공유하고, 세계 여러 나라의 사람들과 함께 플레이할 수 있는 종합 게임 플랫폼입니다. 본격적인 게임 제작에 앞서 로블록스가 어떤 게임이고, 어떻게 구성되어 있는지 살펴보겠습니다.

로블록스 소개

자신의 아바타를 만들어 상상했던 나만의 세상을 누비는 일은 생각만 해도 짜릿한 경험입니다. 보통의 게임이 게임 개발자가 만들어 낸 한정된 시스템 안에서 정해진 아이템과 규칙으로 플레이한다면, 로블록스에서는 플레이어가 주체가 되어 자신이 원하는 대로 게임을 만들어서 즐길 수 있습니다. 또한 다른 플레이어들이 내가 만든 게임이나 아이템 등을 로벅스(Robux)라는 가상 화폐로 구입하면 수익을 얻을 수도 있습니다.

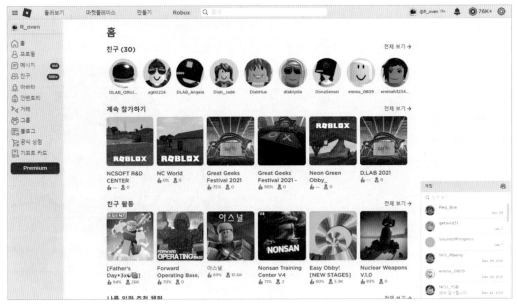

| 로블록스 플랫폼 기본 화면

로블록스 플랫폼이란?

평평하다는 의미의 '플랫(Plat)'과 형태를 뜻하는 '폼(Form)'을 결합한 '플랫폼'은 원래 강의실 연단이나 지하철 승강장을 뜻하는 말이었습니다. 온라인 세상에서 접하는 '플랫폼'이라는 단어는 어떤 제품을 구매하거나 서비스를 이용하는 데 있어 사람들이 쉽게 접근하고 이용할 수 있도록 만든 '공간'이라고 이해하면 됩니다.

예를 들어, 쿠팡(coupang)과 같은 e커머스 기업은 판매자가 내놓은 수많은 제품을 이용자가 한눈에 보고 구매할 수 있도록 온라인 플랫폼을 통해 연결하고, 배달 서비스까지 제공합니다.

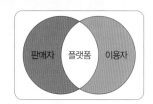

마찬가지로 로블록스가 게임 플랫폼과 엔진을 온라인으로 제공하면 이용자들은 로블록스 스튜디오를 통해 직접 게임을 제작하고, 제작한 게임을 서로 공유하며 즐길 수 있습니다.

이용자 및 매출 규모

로블록스의 이용자(Daily Active Users, 일간 활성 이용자)는 1분기를 기준으로 2020년 2천300만 명, 2021년 4천200만 명, 2022년 5천400만 명으로 계속해서 증가하였습니다. 2020년 코로나19 팬데믹의 영향으로 가상 세계에서 친구와 만나고, 다양한 곳을 탐험해 볼 수 있는 메타버스 게임에 대한 관심이 집중되었기 때문으로 보입니다. 이렇게 달성한 로블록스의 매출은 2023년 1분기 6억 5천5백만 달러(약 8,545억 원)로 2022년과 비교해 22% 이상 증가하였습니다(Roblox Reports First Quarter 2023 Financial Results).

• 2022년 연간 이용자 5억 6천980만 명

• 전 세계 하루 평균 5천600만 명 접속

• 2022년 한 해 새로 게시된 게임 총 580만 개 (메타버스 공간 등의 '체험' 게임 기준)

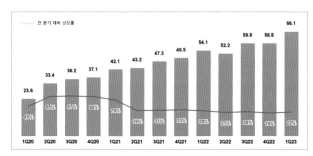

| 2020~2023년 로블록스 이용자 수(DAU) (단위: 백만 명)

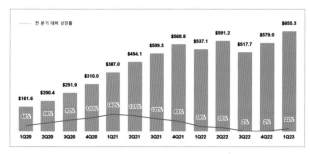

▎2020~2023년 로블록스 매출액 (단위: 백만 달러)

이용자 특징

로블록스는 2021년 미국의 16세 미만 청소년의 55%가 로블록스에 가입하면서 큰 인기를 끌게 되었습니다. 13세 미만의 알파 세대(2011~2015년 출생 세대)가 로블록스의 주 이용 연령대라고 알려져 있었지만, 2022년에는 13세 이상이 전체 이용자의 절반 이상을 차지하면서 초등학생에서 중고등학생과 성인으로 로블록스를 이용하는 연령층이 점차 확장되고 있습니다. 또한 미국과 캐나다에서 시작된 로블록스의 바람은 2021년부터 유럽과 아시아 태평양으로 확대되며 전 세계적 인기를 끌고 있습니다. 처음 개발을 접하거나 실제로 게임을 제작해 보고 싶은 사람들이 '언리얼 엔진'이나 '유니티' 같은 어려운 게임 엔진을 대신해, 쉽고 재미있게 게임을 제작할 수 있는 로블록스를 만나게 된 것이죠.

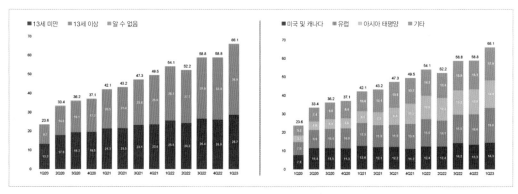

▎2020~2023년 연령 및 지역별 로블록스 이용자 수(DAU) (단위: 백만 명)

로블록스 회원가입하기

로블록스를 시작하려면 먼저 사용자 계정이 필요합니다. 로블록스 홈페이지(https://www.roblox.com)에 접속하면 다음과 같은 회원가입 화면이 나타나는데, '생년월일'과 '사용자 이름', '비밀번호'를 입력하고 [회원가입] 버튼을 클릭하면 가입이 완료됩니다. 이미 계정이 있다면 오른쪽 상단에 있는 [로그인] 버튼을 클릭해 로그인합니다.

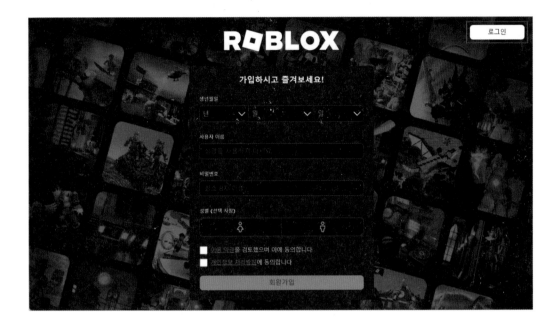

NOTE 13세 미만의 이용자에게는 게임의 일부 기능이 차단됩니다. 자녀 보호가 필요한 분들은 오른쪽 QR 코드를 통해 안전한 자녀 보호 방법과 기능에 대해 자세히 확인할 수 있습니다.

로블록스 홈 화면 둘러보기

회원가입을 마친 후 로그인하면 다음과 같은 로블록스 홈 화면이 나타납니다. 각각의 메뉴와 설명을 보면서 로블록스 홈 화면을 익혀 보겠습니다.

❶ **상단 메뉴 바 |** 로블록스의 게임을 한눈에 볼 수 있는 [둘러보기], 아바타 꾸미기용 아이템을 구매할 수 있는 [마켓플레이스], 게임을 개발하거나 개발한 게임을 관리하는 [만들기], 가상 화폐(로벅스)를 구매할 수 있는 [Robux], [검색] 등의 메뉴가 있습니다.

❷ **설정 메뉴 바 |** 알림 창과 개인 설정 창이 위치해 있으며, 가지고 있는 로벅스도 확인할 수 있습니다.

❸ **탐색 패널 |** 프로필부터 메시지, 친구, 아바타, 인벤토리, 거래, 그룹, 블로그, 공식 상점, 기프트 카드 등 내 계정과 관련된 모든 활동을 관리할 수 있습니다.

❹ **홈 |** 친구 및 여러 게임 목록이 표시됩니다.

❺ **채팅 |** 채팅 창에서 친구로 추가한 다른 이용자들과 함께 채팅이나 파티 활동을 즐길 수 있습니다.

여기서 잠깐 **이메일로 계정 보안 강화하기**

본격적으로 로블록스 게임을 즐기기 전에 자신의 계정에 이메일을 추가해 놓는 것이 좋습니다. 이렇게 하면 비밀번호를 잊어버린 경우에도 이메일을 통해 쉽게 찾을 수 있고, 계정의 보안도 강화할 수 있습니다.

01 로블록스 홈페이지의 상단 메뉴 바에서 톱니바퀴 모양의 설정(⚙) 아이콘을 클릭하고, 드롭다운 목록에서 [설정]을 선택합니다.

02 [내 설정] 화면의 [계정 정보] 항목에서 [이메일 추가]를 클릭합니다. [내 이메일 추가] 대화 상자가 나타나면 자신의 이메일 주소를 입력하고 [이메일 추가]를 클릭한 후, 추가한 이메일 계정에서 인증을 완료합니다.

03 추가로 [보안] 항목에서 인증 앱이나 이메일의 보안 기능을 활성화해 계정의 보안을 더 강화할 수 있습니다.

로블록스 게임 즐기기

로블록스 홈 화면을 어느 정도 둘러봤으면, 이제 게임 페이지를 살펴보겠습니다. 로블록스 홈 화면에서 원하는 게임을 하나 선택하여 해당 게임 페이지에 들어가 봅시다. 게임 페이지는 다음과 같이 구성되어 있습니다.

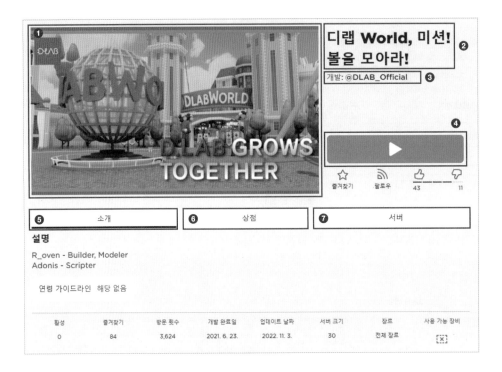

❶ **썸네일** | 게임을 대표하는 이미지로, 영상을 넣을 수도 있습니다.

❷ **게임 이름** | 선택한 게임의 이름입니다.

❸ **게임 개발자** | 해당 게임을 만든 개발자가 누구인지 알려줍니다.

❹ **플레이** | 해당 게임에 접속합니다. 플레이 버튼 아래에 있는 '즐겨찾기(☆)', '팔로우(🔊)', '좋아요(👍)/싫어요(👎)' 아이콘을 클릭해 옵션을 선택할 수도 있습니다.

❺ **소개** | 게임 소개 및 해당 게임의 플레이어, 즐겨찾기, 방문 횟수 등의 정보를 알 수 있습니다.

❻ **상점** | 게임에서 사용할 수 있는 판매 아이템을 확인할 수 있습니다.

❼ **서버** | 사용 중인 서버의 목록을 볼 수 있으며, 별도로 VIP 서버를 만들거나 친구가 플레이 중인 서버를 확인할 수도 있습니다.

여기서 잠깐 | **게임 화면 조작하기**

로블록스를 다운로드해 설치하면 게임에 참가할 수 있습니다. 로블록스 게임 화면의 기본 조작 키는 다음과 같습니다.

컴퓨터로 실행하는 경우

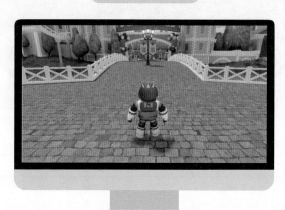

동작	키
이동하기	W, A, S, D, ▲, ▼
점프하기	SPACE
화면 회전하기	◀, ▶, 마우스 오른쪽 버튼
플레이어 목록 보기	Tab
채팅하기	/
화면 확대 및 축소하기	마우스 스크롤
로블록스 메뉴 보기	Esc

모바일로 실행하는 경우

동작	방법
이동하기	❶ 화면 왼쪽 하단의 버튼을 터치하면서 드래그합니다.
점프하기	❷ 화면 오른쪽 화살표 버튼을 터치합니다.
화면 회전하기	버튼이 없는 곳을 터치하면서 드래그합니다.

NOTE 이제 게임을 플레이해 보세요! 모바일에서는 오른쪽의 QR 코드로 예시로 든 게임 페이지에 바로 접속 할 수 있습니다.

1-2 로블록스 스튜디오

게임을 만들기 위해서는 게임을 만드는 도구, 즉 게임 엔진이 필요합니다. 대표적인 게임 엔진인 언리얼 엔진(Unreal Engine)이나 유니티(Unity)는 초보자가 접근하기에 복잡하고 어렵지만, 로블록스는 로블록스 스튜디오(Roblox Studio)를 이용해 누구나 쉽게 게임을 제작할 수 있습니다. 이제 로블록스 스튜디오로 게임을 만들기 위한 기초 지식을 알아보겠습니다.

로블록스 스튜디오 설치하기

로블록스 스튜디오는 컴퓨터에서만 설치할 수 있습니다. 다음 설치 과정을 따라 하며 자신의 컴퓨터에 로블록스 게임을 제작할 수 있는 환경을 만들어 봅시다.

01 로블록스 홈 화면의 상단 메뉴 바에서 [만들기] 탭을 클릭하면 크리에이터 페이지로 이동합니다. [작품] 탭의 [체험 만들기] 버튼을 클릭해 로블록스 스튜디오를 설치합니다.

02 다운로드 안내 팝업 창이 나타나면 [STUDIO 다운로드] 버튼을 클릭하여 설치 파일을 다운로드합니다.

> **NOTE** 'Roblox을(를) 여시겠습니까?'라는 메시지가 나타나면 [Roblox 열기] 버튼을 클릭합니다.

03 파일 탐색기에서 다운로드한 설치 파일을 더블 클릭하여 로블록스 스튜디오를 설치합니다.

04 설치가 완료되면 다음과 같은 로그인 화면이 나타납니다. 가입해 둔 사용자 이름과 비밀번호를 입력하고 [로그인] 버튼을 클릭하면 로블록스 스튜디오가 자동으로 열립니다.

> **NOTE** 스튜디오가 자동으로 열리지 않는다면 Windows 작업 표시줄의 검색 상자(돋보기 아이콘)에서 'Roblox Studio'를 검색해 열어 줍니다.

로블록스 스튜디오 시작 화면

로블록스 스튜디오를 실행하면 나타나는 첫 화면의 [모든 템플릿] 탭에서 다양한 종류의 게임 템플릿을 볼 수 있습니다. 왼쪽에 있는 메뉴를 먼저 살펴봅시다.

❶ **새로 만들기** | 새로운 게임을 만드는 메뉴입니다. 기본으로 제공되는 템플릿만 가지고도 새로운 게임을 만들 수 있지만, 처음 시작할 때는 'Baseplate'를 주로 사용합니다. 아무것도 없는 기본 환경에서 시작해야 만들기가 편하고, 필요 없는 객체들을 일일이 삭제해야 하는 번거로움도 없기 때문입니다.

❷ **내 게임** | 내가 만들고 있는 게임의 상태를 확인하거나 변경할 수 있습니다.

❸ **최근 항목** | 로블록스 스튜디오에서 접속했던 게임을 최근 순으로 나열하여 보여 줍니다.

❹ **보관함** | 게임 제작을 마친 게임은 [보관함]에 보관해 [내 게임]이나 [최근 항목]에 표시되지 않도록 할 수 있습니다. 게임을 [보관함]에 담아 두면 편집할 수 없으므로 게임을 편집하고 싶다면 다시 [보관함]에서 [내 게임]으로 꺼내어 사용해야 합니다.

> **NOTE** 템플릿(Template)이란 게임을 만들 때 바로 가져와서 쓸 수 있는 게임의 샘플입니다. 로블록스 스튜디오에서 기본으로 제공하는 템플릿을 활용하면 보다 쉽게 게임을 제작할 수 있습니다. 단순한 맵뿐만 아니라 스크립트 동작이 포함된 템플릿도 있으니 하나씩 열어서 살펴보세요!

[내 게임] 목록에서 게임 위에 마우스 커서를 올리면 오른쪽 상단에 더보기(⋯) 버튼이 생깁니다. 이 버튼을 클릭하면 플레이스 및 게임에 대한 세부 설정을 관리할 수 있습니다.

❶ **공유** | 다른 사용자와의 게임 공유는 공개적으로 오픈되어 있는 게임만 가능합니다. 이 메뉴를 통해 게임의 링크를 복사해 내 로블록스 친구에게 공유할 수 있습니다.

❷ **게임 구성** | 전체 게임에 대한 환경을 설정합니다.

❸ **플레이스 구성** | 게임 안에 있는 플레이스 환경을 설정합니다. 게임은 플레이스의 모음집입니다. 게임에는 기본적으로 처음 플레이를 시작하는 플레이스가 있고, 원한다면 하나의 게임 안에 여러 개의 플레이스를 만들 수 있습니다.

❹ **플레이스 페이지 열기** | 해당 플레이스의 게임 페이지를 엽니다.

❺ **공개로 설정/비공개로 설정** | 다른 이용자들이 플레이할 수 있도록 해당 게임을 공개로 설정하거나, 비공개로 전환해 개발자만 플레이 및 편집할 수 있도록 변경합니다.

❻ **보관** | 게임을 보관하면 비공개로 전환되며, 개발자만 게임에 접속할 수 있습니다.

인터페이스와 기본 조작 방법

로블록스가 다른 게임 엔진보다 쉬운 것은 맞지만, 막상 시작하면 처음 보는 용어들이 낯설어 어렵게 느껴질 수 있습니다. 그러나 로블록스 게임 제작을 위한 스튜디오의 구조와 기본 툴을 이해하면 이어지는 고급 기능도 쉽게 사용할 수 있습니다. 이제 로블록스 스튜디오 제작 화면에 있는 여러 툴을 이해하고 사용 방법을 배우면서 실습해 봅시다.

로블록스 스튜디오 인터페이스 알아보기

우리는 앞에서 로블록스 스튜디오 시작 화면과 함께 게임의 설정 방법을 알아보았습니다. 이제 로블록스 스튜디오의 기본 인터페이스를 익혀 보겠습니다.

로블록스 스튜디오를 실행하고 [새로 만들기]에서 [모든 템플릿] 탭에 있는 'Baseplate' 템플릿을 클릭해 엽니다.

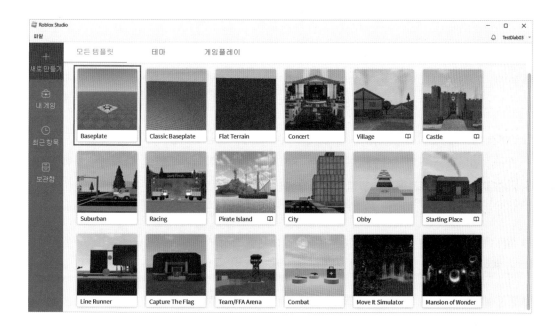

로블록스 스튜디오의 기본 화면은 다음과 같이 구성되어 있습니다.

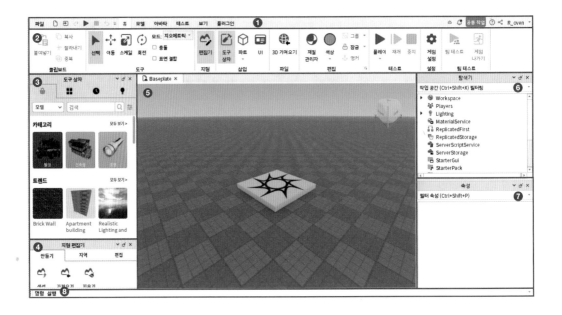

❶ **메뉴 바** | 항상 고정되어 있는 메뉴입니다. [파일], [빠른 실행 도구 모음], [홈], [모델], [아바타], [테스트], [보기], [플러그인] 탭으로 구성되어 있습니다.

❷ **리본 바** | 메뉴 바에서 선택하는 메뉴의 편집 기능들이 나타납니다.

❸ **도구 상자** | 다른 로블록스 이용자들이 직접 만든 모델과 플러그인, 오디오, 이미지, 비디오 등 여러 리소스들을 내 프로젝트로 가져올 수 있습니다.

❹ **지형 편집기** | 자유롭게 지형을 생성하고 편집할 수 있습니다.

❺ **뷰포트** | 게임을 구성하는 메인 화면입니다. 주로 이곳에 애셋(Asset, 로블록스에서 플레이어가 만든 오브젝트, 이미지 등)을 배치하면서 게임을 만듭니다.

❻ **탐색기** | 뷰포트에 있는 모든 오브젝트(Object, 로블록스 게임에 사용되는 모델, 지형, 캐릭터 등)가 표시됩니다. 탐색기에서 게임에 사용할 오브젝트를 정렬하고 묶으면 한 개의 폴더처럼 볼 수 있습니다. 또한 뷰포트에서 오브젝트를 추가하거나 제거하면 탐색기에도 추가되거나 제거됩니다. 게임에 추가된 오브젝트의 목록을 보거나 편집, 테스트까지 할 수 있는 매우 중요한 창입니다.

❼ **속성** | 탐색기나 뷰포트에서 선택한 오브젝트의 자세한 속성 정보가 표시됩니다. 선택한 오브젝트의 좌표, 회전, 크기, 색, 모양 등을 설정하고 수정할 수 있습니다.

❽ **명령 실행 바** | 게임을 시작하지 않고도 바로 스크립트를 실행할 수 있습니다.

지금까지 로블록스 스튜디오를 다룰 때 사용하는 인터페이스 화면에 대해 알아보았습니다. 나머지 세부적인 속성들은 게임을 만들면서 차근차근 배워 보도록 합시다.

여기서 잠깐 **나에게 맞는 인터페이스 찾기**

게임을 만드는 사람마다 작업하는 스타일이 다르기 때문에 로블록스 스튜디오의 인터페이스를 유연하고 편리한 배치로 바꿀 수 있습니다. 창의 위치를 옮기면서 자신에게 가장 잘 맞는 인터페이스를 찾아보세요. 다음은 인터페이스를 다르게 바꿔 본 예시입니다.

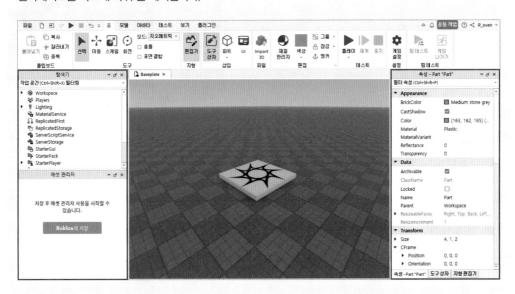

왼쪽에는 오브젝트를 관리하는 기능을, 오른쪽에는 세부 작업 기능을 위주로 배치했습니다. 또한 [속성] 창의 세로 길이가 너무 짧으면 스크롤을 많이 움직여 불편하기 때문에 길게 늘리고, 다른 창들은 탭 형식으로 겹쳐 두었습니다.

로블록스 스튜디오 기본 툴 알아보기

이제 로블록스 스튜디오에 있는 기본 툴의 기능을 알아보겠습니다. 여기에 익숙해져야 다른 복잡한 기능도 사용할 수 있으므로 빠짐없이 익혀 보도록 합시다.

홈 탭

메뉴 바에 있는 [홈] 탭은 게임을 만들 때 가장 자주 이용하는 도구와 여러 편집 기능으로 구성되어 있습니다. 특히 이용 빈도가 높은 [선택], [이동] 등의 메뉴는 [모델] 탭에도 동일하게 구성되어 있습니다.

① **선택** | [선택] 툴을 활성화한 다음 뷰포트에서 마우스 왼쪽 버튼을 클릭하면 원하는 오브젝트를 선택할 수 있고, 오브젝트가 선택되면 해당 오브젝트의 테두리가 파란색으로 표시됩니다. 또한 오브젝트를 마우스 왼쪽 버튼으로 클릭한 채로 드래그하여 움직일 수 있습니다.

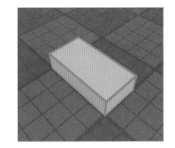

② **이동** | 선택한 오브젝트를 X축(가로), Y축(높이), Z축(세로) 방향으로 이동시킬 수 있는 화살표가 표시됩니다. 각각의 화살표를 선택한 상태로 드래그하면 해당 축을 따라 오브젝트가 이동합니다.

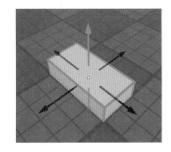

③ **스케일** | 빨간색, 초록색, 파란색 점을 선택해 움직이면 원하는 만큼 오브젝트의 크기를 변경할 수 있습니다.

> **NOTE** 구 오브젝트의 크기를 변경할 때는 도형의 특성상 크기가 한 방향이 아니라 전 방향으로 늘어난다는 점에 유의하세요.

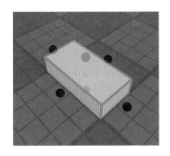

④ **회전** | 선택한 오브젝트를 X축, Y축, Z축에 따라 회전할 수 있도록 회전축이 표시됩니다. 각각의 회전축을 선택한 상태로 드래그하면 오브젝트를 원하는 방향으로 회전할 수 있습니다.

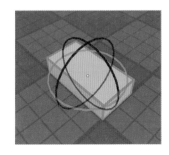

[스케일] 툴을 선택하면 뷰포트에 생기는 점을 드래그하면서 오브젝트의 크기를 조절할 수 있지만, 마우스로 움직이기 때문에 정확히 얼만큼 조절했는지 알기 어렵습니다. 이런 경우 조절하려는 오브젝트를 선택하고 [속성] 창의 [Transform] – [Size]에서 숫자를 변경하여 정확한 수치로 조절할 수 있습니다.

❺ **파트** | 로블록스에서 게임을 구성하는 기본 오브젝트인 파트를 생성합니다. 파트의 기본 형태는 블록이지만 드롭다운 버튼(▼)을 클릭하면 구, 쐐기, 코너 쐐기, 원통까지 5가지 종류의 파트를 생성할 수 있습니다. 추가로 [탐색기] 창에서 MeshPart, TrussPart와 같은 다양한 모양의 파트를 생성할 수 있습니다.

NOTE '파트(Part)'와 '오브젝트(Object)'는 똑같은 뜻을 지닌 용어지만, 로블록스에서는 '오브젝트' 대신 '파트'라고 부릅니다. 보통 기본 파트인 블록, 구, 쐐기, 코너 쐐기, 원통은 '파트'라고 하고, 그 외에 MeshPart는 '메시(Mesh)'라고 다르게 부릅니다.

메시(Mesh)란 사전적 의미로 '그물망'을 뜻하며, 다각형들이 모여서 만든 3D의 물체를 의미합니다. 오른쪽 그림과 같은 3차원 컴퓨터 그래픽에서 수많은 선이 그물처럼 연결되어 있는 것처럼 메시도 같은 원리입니다.

로블록스의 기본 파트는 블록, 구 등의 간단한 형태지만, 메시는 꼭짓점이 있거나 구멍이 뚫려 있는 도형 등 더 복잡하게 구성되어 있습니다. 따라서 파트는 콘크리트 건물처럼 간단한 형태의 물체를 만들 때 사용하고, 메시는 캐릭터나 아이템처럼 복잡한 물체를 만드는 데 사용합니다.

❻ **재질 관리자 |** 선택한 파트를 콘크리트, 토양, 금속, 목재 등의 원하는 재질로 변경할 수 있습니다. [재질 관리자] 창에서 적용 아이콘(🔅)을 클릭하거나, [속성] 창의 [Appearance] – [Material]에서 선택하면 됩니다.

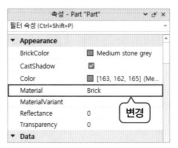

❼ **색상 |** 선택한 파트를 원하는 색으로 변경할 수 있습니다. [색상]의 드롭다운(▼) 버튼을 클릭하면 다양한 색을 선택할 수 있는 팔레트가 나타납니다.

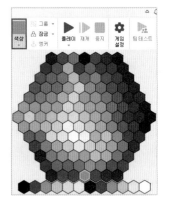

❽ **그룹 |** 생성한 파트의 개수가 너무 많아 편집하기 어렵다면, 여러 개의 파트를 선택한 후 [그룹]의 드롭다운(▼) 버튼을 클릭합니다. [모델로 그룹화] 또는 [폴더로 그룹화]를 이용해 하나의 모델로 묶을 수 있습니다. 반대로 그룹화한 파트를 다시 분리하고 싶다면 마우스 오른쪽 버튼을 클릭하고 [그룹화 해제]를 선택하여 그룹을 해제할 수도 있습니다.

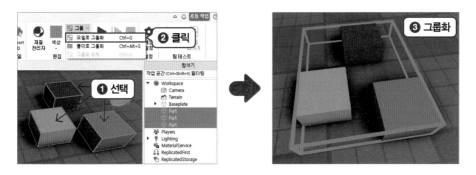

NOTE [모델로 그룹화]를 선택하면 뷰포트와 [탐색기] 창에서 모두 하나의 모델로 그룹화됩니다. 하지만 [폴더로 그룹화]를 선택하면 [탐색기] 창에서는 하나의 폴더로 그룹화되고, 뷰포트에서는 그룹화하기 전 상태 그대로 파트를 하나씩 선택할 수 있습니다.

단축키를 사용하여 그룹화하기

그룹화를 해야 할 파트가 많다면 원하는 파트들을 선택한 후 Ctrl + G 키
를 눌러 간단하게 그룹화할 수 있습니다. 반대로 그룹화를 해제하려면 해당
모델을 클릭하고 Ctrl + U 키를 누릅니다. 그룹화를 하면 [탐색기] 창에서
도 여러 파트가 한 묶음으로 변경되는 것을 확인할 수 있습니다.

❾ **잠금** | [잠금]이 활성화되면 뷰포트에서 파트를 마우스로 클릭해 선택할
수 없고, 오직 [탐색기] 창에서만 선택할 수 있습니다. [잠금] 버튼의 드
롭다운 버튼을 클릭하면 [잠금 도구]와 [모두 잠금 해제] 중 선택할 수
있습니다.

> NOTE 잠금 기능은 맵이나 모델을 만드는 작업에 방해되는 파트가 있을 때 주로 사용합니다. 잠금 기능을 활용하면 다
른 파트를 잘못 옮기는 실수를 방지할 수 있어 유용합니다.

❿ **앵커** | 다수의 파트를 선택한 후 [앵커]로 고정하면 게임을 실행했을 때
파트들이 밑으로 떨어지지 않고 그 위치에 고정됩니다. 예를 들어 건물
이나 맵을 완성한 다음 테스트하려고 실행시켰는데 건물이 다 무너져
버렸다면 앵커로 고정하지 않았기 때문입니다. 무엇이든지 빌드를 하
고 나면 반드시 앵커로 고정하고 테스트하는 습관을 들이세요.

| 앵커로 고정한 경우

| 앵커로 고정하지 않은 경우

> NOTE 앵커(Anchor)는 한국어로 '닻'을 뜻하며 '닻을 내리다, 고정시키다'라는 의미를 가지고 있습니다.

모델 탭

[모델] 탭에서는 로블록스 게임 제작에 사용되는 길이 단위인 스터드(Stud) 값으로 파트의 위치와 모양을 조절할 수 있습니다. 'Baseplate'에서 한 칸의 범위는 1 스터드지만, 0에서 최소 0.001 스터드까지 세밀하게 조절할 수 있습니다. 이 스터드 단위로 구성된 그리드(좌표)를 기준으로 선택한 파트를 이동하거나 변형합니다.

❶ 회전 | 회전 각도의 값을 바꿔서 원하는 만큼 파트를 회전할 수 있습니다.

❷ 이동 | 스터드의 이동 값을 바꿔서 원하는 만큼 파트를 이동할 수 있습니다.

> **NOTE** 규칙적인 빌드 작업을 위해서는 스터드 단위를 '1, 0.5, 0.25, 0.125' 등으로 작업하는 것이 좋습니다. 초보자라면 '1 스터드'로 먼저 연습하고, 간단한 건물을 만들 수 있게 됐을 때 점점 더 작은 단위로 세밀하게 작업해 보세요. 이어지는 다음 실습에서도 스터드를 '1'로 설정하여 작업하겠습니다.

실습 기본 툴을 활용한 간단한 하우스 만들기

지금까지 살펴본 로블록스 스튜디오의 기본 툴을 활용해 실습을 해보겠습니다. 기본 템플릿인 'Baseplate'를 열어 간단하면서도 멋진 하우스를 만들어 봅시다.

STEP 1 화면 품질 높이기

로블록스 스튜디오의 뷰포트 화면의 품질을 높이지 않으면 화면이 지글거리는 계단 현상이 발생합니다. 본격적인 게임 제작에 앞서 화면의 품질을 최고 수준으로 높이면 계단 현상도 거의 없고, 그림자 품질도 개선되어 훨씬 깔끔한 결과물이 나옵니다.

01 [파일] 메뉴에서 [Studio 설정]을 선택합니다.

02 [렌더링] 메뉴의 [성능]에서 [편집기 품질 수준]을 '자동'에서 최고 수준인 '레벨 21'로 변경하고 [닫기] 버튼을 클릭합니다.

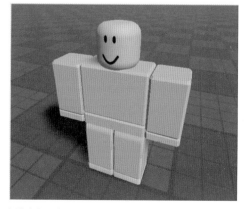

▎화면의 품질이 낮거나 자동인 상태

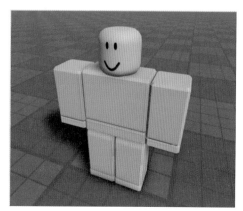

▎화면의 품질이 높은 상태

블록 아바타 생성하기

플레이어가 활동할 건물이나 오브젝트를 만들기 전에 아바타를 먼저 생성해 놓으면 아바타의 비율에 맞추어 크기를 가늠할 수 있기 때문에 추후에 다시 수정할 일을 줄일 수 있어 편리합니다.

01 [아바타] 탭에서 [리그 빌더]를 클릭하면 [리그 생성] 창이 나타납니다. [리그 유형]을 'R15'로 체크하고, 하단의 [블록 아바타]를 선택합니다.

02 다음과 같이 15개의 블록으로 구성된 아바타(Dummy)가 생성되는 것을 확인할 수 있습니다.

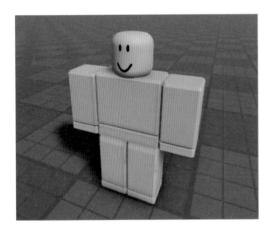

> **NOTE** 리그 빌더의 R15는 사람의 주요 관절 15개를 가지고 있는 아바타 버전이고, R6은 레고처럼 관절이 6개인 아바타 버전을 뜻합니다.

STEP 3 바닥과 벽 만들기

이제 본격적으로 하우스를 만들어 볼 차례입니다. 먼저 바닥과 벽을 만들어 하우스의 기초를 세워 봅시다. 'Baseplate' 템플릿을 선택했을 때 기본으로 생성되는 스폰포인트를 마우스 오른쪽 버튼으로 클릭해 삭제하고 시작하겠습니다.

여기서 잠깐 'Baseplate'에 있는 스폰포인트 삭제하기

'Baseplate' 템플릿을 열면 뷰포트 중앙에 기본적으로 생성되는 태양 무늬가 그려진 블록이 보일 것입니다. 이것을 '스폰포인트'라고 부릅니다. 지금 단계에서는 스폰포인트를 삭제하고 진행하겠습니다. 뷰포트에서 직접 삭제하거나 [탐색기] 창에서 [WorkSpace] 하위에 있는 [SpawnLocation]을 선택하고 Delete 키를 눌러도 됩니다. 스폰포인트에 대한 자세한 내용은 57쪽에서 살펴보겠습니다.

01 [홈] 탭에서 [파트]의 드롭다운 버튼을 클릭하여 바닥이 될 블록 파트를 생성합니다.

NOTE 생성한 파트가 뷰포트 어디에 있는지 찾기 어려울 때는 [탐색기] 창에서 파트를 선택한 후 키보드의 F 키를 누르면 선택되어 있는 파트로 화면의 시점이 이동합니다.

02 생성된 파트를 선택하고 [속성] 창의 [Transform]에서 [Size]를 '16, 1, 16'으로 늘립니다.

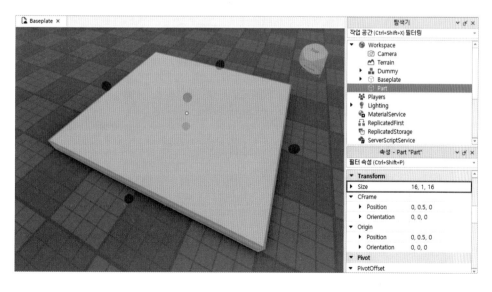

03 바닥에 세울 벽을 만들기 위해서는 파트를 새로 생성해 크기를 조절하는 방법도 있지만, 빠른 작업을 위해 앞서 만들었던 바닥 파트를 복제(Ctrl + D)해 이용할 수 있습니다. 복제한 파트를 클릭하고 [스케일] 툴을 선택하여 가로(X)를 '1'로 얇게 줄입니다.

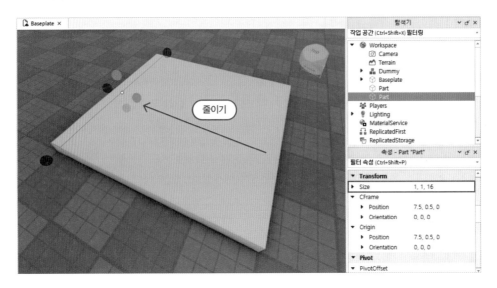

> **NOTE** [홈] 탭의 리본 바에서 [충돌]이 체크되어 있는 상태로 복제하면 그 자리에서 복제되지 않고 파트 위로 복제되기 때문에 체크를 해제하고 작업해야 편리합니다.

04 이번에는 파트의 높이(Y)를 '10'으로 늘려 벽을 세웁니다. [속성] 창의 [Transform]에서 [Size]를 '1, 10, 16'으로 변경해도 됩니다. 그리고 바닥 파트와 겹치지 않도록 [이동] 툴을 선택하여 1 스터드만큼 위로 올려 줍니다.

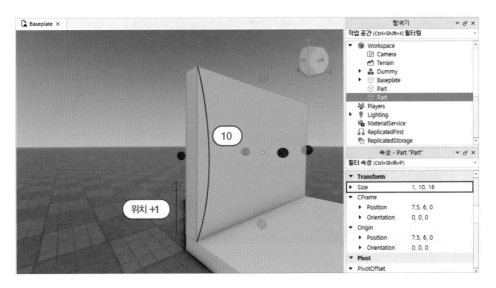

05 같은 방법으로 앞쪽 벽을 제외한 반대쪽 벽과 뒤쪽 벽을 만들어 상자 모양으로 이어 줍니다.

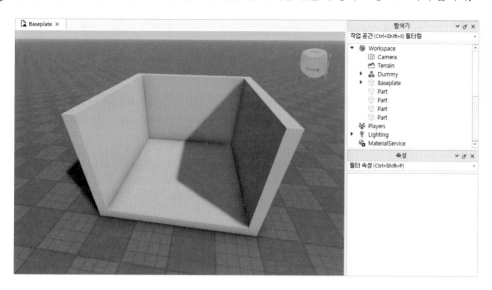

06 뒤쪽 벽 파트의 양쪽 모서리 부분이 서로 겹치지 않도록 [스케일] 툴을 선택해 Ctrl 키를 누른 상태에서 양옆을 '1'씩 줄입니다.

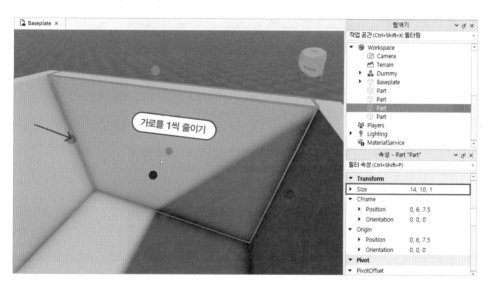

> **NOTE** Ctrl 키를 누른 상태에서 파트의 크기를 조절하면 파트의 양쪽을 한 번에 조절할 수 있습니다. 2개 이상의 파트를 선택하고 Ctrl 키를 누른 상태에서 크기를 줄이면 모든 파트의 크기가 함께 줄어듭니다.

STEP 4 문과 창문 만들기

플레이어의 크기에 맞춘 문과 창문을 만들어 하우스의 앞쪽 벽에 넣어 보겠습니다.

01 먼저 문을 만들어 봅시다. 새로운 블록 파트를 생성한 후 아바타가 충분히 들어갈 수 있도록 [속성] 창의 [Transform] – [Size]를 '4, 7, 1'로 변경합니다. **STEP 2** 와 같이 아바타를 먼저 만들어 두면 아바타를 기준으로 파트의 비율을 맞출 수 있어 편리합니다.

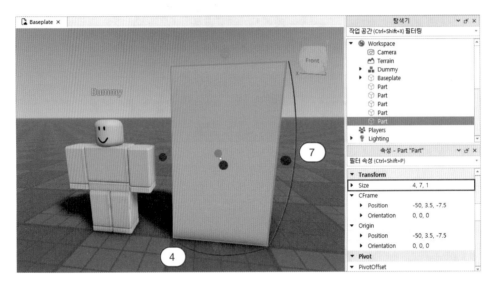

02 생성한 문 파트를 앞쪽 바닥 파트 위에 놓고, [이동] 툴을 선택해 왼쪽 벽과의 사이가 2 스터드가 되도록 오른쪽으로 이동합니다.

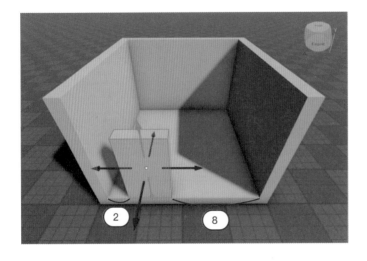

03 파트의 색이 모두 똑같아 어떤 것이 벽이고 문인지 구분하기 어렵습니다. [속성] 창의
[Appearance]에서 파트의 색깔과 재질을 바꿔 보겠습니다. 벽은 [Color]를 '158, 110, 86',
[Material]을 'Brick'으로, 문은 [Color]를 '248, 248, 248', [Material]을 'SmoothPlastic'
으로, 바닥은 [Color]를 '211, 180, 129', [Material]을 'WoodPlanks'로 설정했습니다.

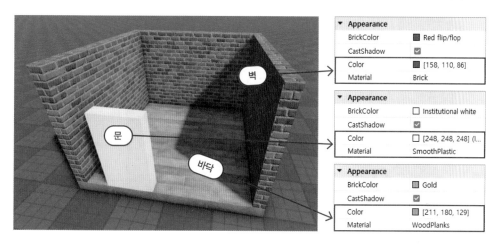

04 벽 파트를 복제해 아래 이미지처럼 문 왼쪽과 위쪽 부분에 만들어 넣습니다. 위쪽 부분은 한 개
의 파트를 길게 늘려 채울 수 있습니다.

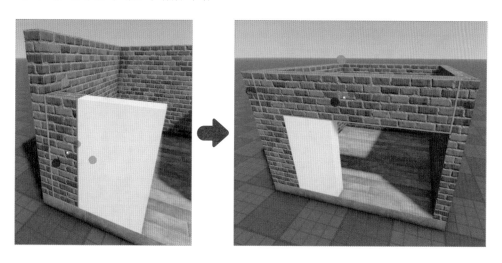

05 창문을 만들기 위해 위치를 잡아 봅시다. 벽을 한 번 더 복제해 오른쪽 아랫 부분에 남은 공간만큼 가로를 채운 다음 높이(Y)를 '3'으로 변경합니다.

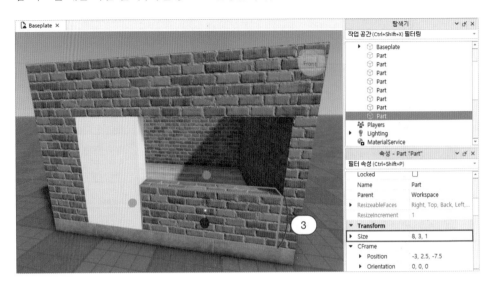

06 이번에는 문 파트를 복제해 4×4 크기의 정사각형으로 만든 다음 문 파트와 2 스터드만큼 띄워 **05**에서 만든 벽 위에 놓습니다.

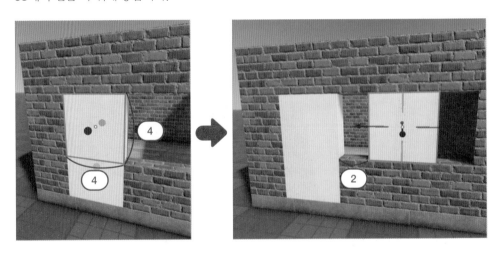

07 창문의 양옆에 남는 공간을 채우기 위해 벽 파트를 복제하여 가로(X)는 '2', 높이(Y)는 '4'로 조절한 후 빈 공간에 배치합니다.

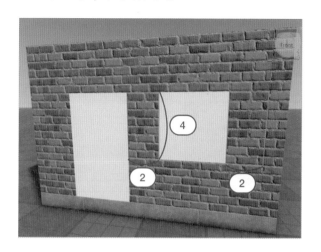

NOTE 파트를 복제하는 개수만큼 게임의 용량이 커지므로 파트 복제는 최소한으로 설계하는 것이 좋습니다.

08 이제 창틀을 만들어 봅시다. 바닥 파트의 폭을 얇게 줄여서 벽을 만든 것처럼 창문 파트를 복제합니다. [모델] 탭의 [이동] 단위를 '0.25 스터드'로 설정하고, [스케일] 툴을 선택해 창틀 모양으로 얇게 줄입니다. 동일한 방법으로 파트를 3개 더 만들어 다음과 같이 완성합니다.

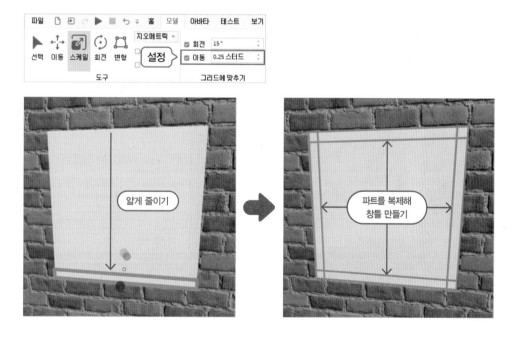

09 창문 가운데에 들어갈 유리를 만들어 봅시다. 창문 중앙에 있는 파트를 선택하고 [속성] 창의 [Size]에서 두께(Z)를 '0.25'로 줄입니다.

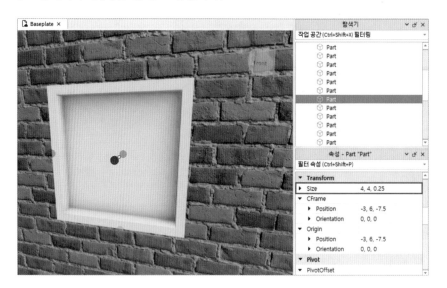

NOTE Ctrl 키를 누른 상태로 파란색 점을 클릭하면서 중앙으로 드래그하면 두께를 줄일 수 있습니다.

10 얇게 줄인 파트의 [Color]를 '110, 153, 202', [Material]을 'SmoothPlastic'이나 'Glass', [Transparency(투명도)]를 '0.5'로 설정해 투명하게 비치는 유리의 느낌을 냅니다.

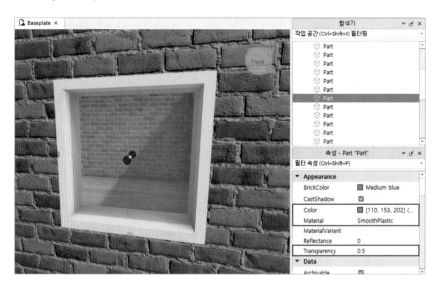

11 같은 방법으로 문틀과 몸통 부분을 만들어 줍니다. 여기서 문은 유리보다 두꺼워야 하므로 문 가운데 파트의 두께(Z)를 '0.5'로 맞추고, [Collision]의 [CanCollide]는 체크 해제하여 플레이어가 통과할 수 있도록 설정합니다.

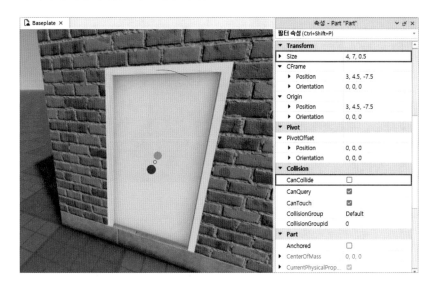

> **NOTE** Collision은 '충돌, 부딪힘', Collide는 '충돌하다, 부딪히다'라는 뜻입니다. 'CanCollide'에 체크한다는 것은 '부딪힐 수 있다', 즉 게임 중에 캐릭터가 해당 파트를 통과하는 것이 아니라 물리적으로 부딪힐 수 있다는 것을 의미합니다.

STEP 5 지붕 만들기

이제 하우스의 지붕을 만들 차례입니다. 하우스에 어울리는 모양과 재질로 지붕을 만들어 덮어 보겠습니다.

01 [홈] 탭에서 [파트]의 드롭다운 버튼을 클릭하고 [쐐기]를 선택해 지붕이 될 파트를 생성합니다.

> **NOTE** 쐐기가 생성되는 방향이 여러 가지일 수 있는데, 우리는 지붕을 만들 것이므로 높이가 높은 부분이 하우스의 가운데, 낮은 부분이 하우스의 벽 가장자리로 가게끔 [회전] 툴로 위치를 잡아 줍니다.

02 생성된 쐐기 파트를 벽 위에 올려 놓고 하우스의 가로(X), 세로(Z) 길이의 반까지만 덮이도록 [Size]를 '16, 5, 8'로 조절합니다.

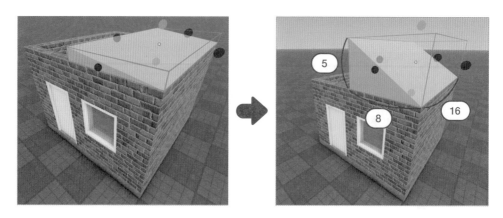

NOTE [모델] 탭의 [이동] 단위를 다시 '1 스터드'로 설정하면 보다 쉽게 작업할 수 있습니다.

03 지붕은 양옆이 대칭이므로 만든 파트를 복제한 다음 180° 회전하여 반대쪽에도 배치합니다.

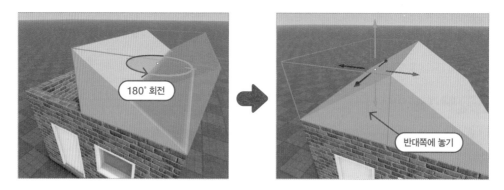

04 [Color]를 '158, 110, 86', [Material]을 'Brick'으로 바꿔 벽과 똑같이 지붕의 몸통을 꾸밉니다.

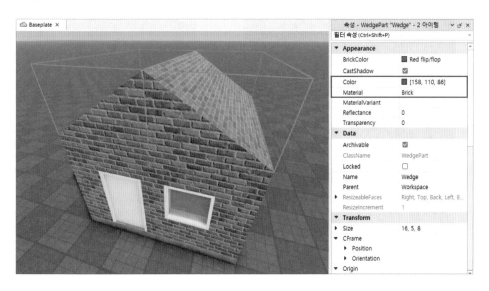

05 지붕의 덮개를 만들기 위해 블록 파트를 추가로 생성한 다음, [회전] 툴을 선택해 35° 기울여 지붕 꼭대기에 배치합니다. 이때 블록 파트의 끝을 지붕의 세모 모양 끝 부분에 맞춥니다.

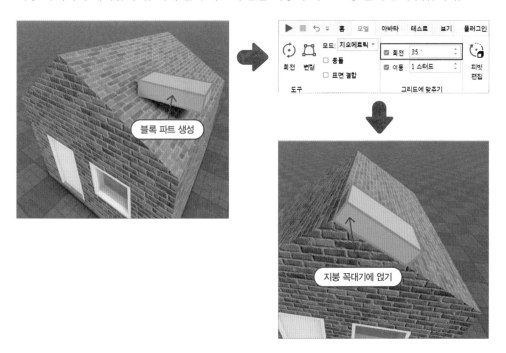

06 [스케일] 툴을 선택하고 블록 파트의 크기를 늘려 지붕의 한 쪽 면을 채웁니다. 그 상태에서 앞, 뒤, 오른쪽의 스케일을 '2' 스터드씩 늘려 지붕의 몸통을 완전히 덮어 줍니다.

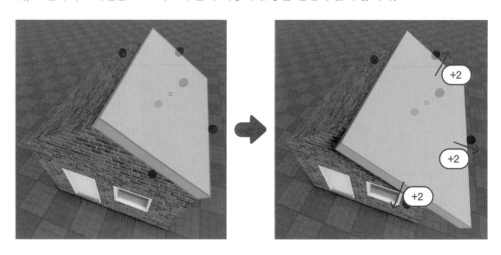

07 앞에서 만든 파트를 복제하여 반대편에도 똑같은 방법으로 지붕 덮개를 만들어 줍니다.

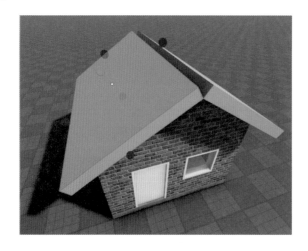

08 지붕 덮개의 꼭대기 부분이 비어 있으므로 [모델] 탭에서 [이동] 단위를 '0.625 스터드'로 설정하고, [스케일] 툴을 선택해 양쪽 지붕 파트들이 서로 맞닿을 수 있도록 0.625씩 늘려 줍니다.

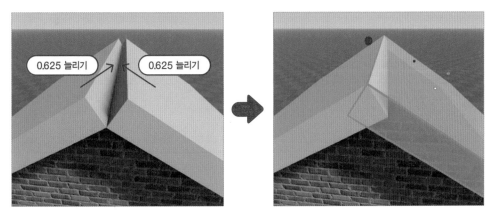

> **NOTE** 쐐기 파트로 만든 지붕 몸통의 높이에 따라 지붕 덮개의 각도가 달라집니다. 만약 지붕 덮개의 각도가 예제와 다르게 표현된다면 지붕 몸통의 높이가 5인지, 길이(Z)가 8인지 다시 한 번 확인합니다.

09 지붕 덮개의 색을 바꿔 하우스를 완성해 봅시다. 지붕 덮개 파트의 [Color]를 '136, 74, 74', [Material]을 'SmoothPlastic'으로 바꿉니다.

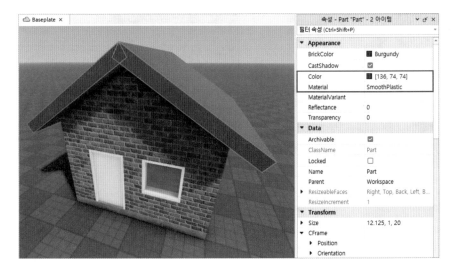

하우스의 주변이 썰렁합니다. 하우스 주변에 초록색 잔디를 넓게 깔아 푸른 초원에 있는 집으로 바꿔
보겠습니다.

01 [모델] 탭의 [이동] 단위를 '1 스터드'로 설정하고, 하우스 바닥에 있는 나무 판자 파트를 복제해
하우스 앞에 배치합니다.

02 세로(Z)를 '40'으로 늘린 다음 [Color]를 '86, 141, 69', [Material]을 'Grass'로 변경합니다.

03 다음과 같이 잔디 파트를 원하는 만큼 넓게 복제해 하우스 주변에 배치합니다. 테스트 실행 시 하우스가 무너지지 않도록 모든 파트를 선택(Ctrl + A)한 후 [홈] 탭에서 [앵커]를 클릭하여 파트를 고정합니다.

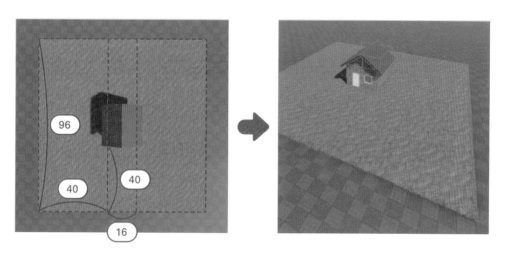

STEP 7 스폰포인트 만들기

스폰포인트(SpawnPoint)는 플레이어가 게임을 시작하거나 부활할 때 시작하는 위치를 지정하는 곳입니다. 스폰포인트를 만들어 플레이어의 시작 위치를 지정해 봅시다.

01 [탐색기] 창에서 하우스의 크기를 가늠하기 위해 생성했던 블록 아바타 모델을 찾아 삭제합니다.

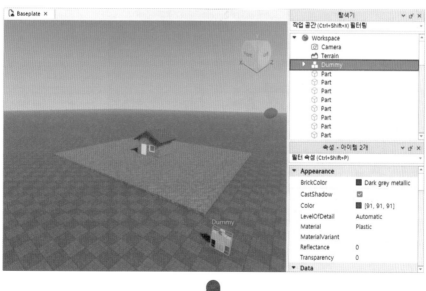

02 맵을 테스트하기 위해 [모델] 탭에서 [스폰]을 클릭해 스폰포인트를 생성하고, 다음과 같이 하우스 문 앞에 배치합니다. [탐색기] 창에서는 'SpawnLocation'이라는 항목으로 생성된 것을 확인할 수 있습니다.

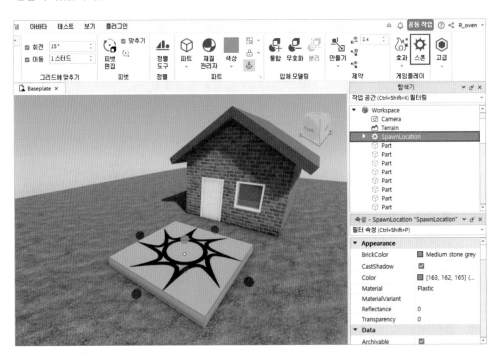

스폰포인트를 여러 개 만든 점프맵의 특정 구간에서 플레이어가 사망하면 그 구간의 바로 전에 지나쳤던 스폰포인트에서 플레이어가 되살아나도록 설정할 수 있습니다.

플레이를 리셋하고 다시 시작하고 싶다면 ⌈Esc⌋ 키를 누른 다음 ⌈R⌋ + ⌈Enter⌋ 키를 눌러 캐릭터를 재설정해 보세요!

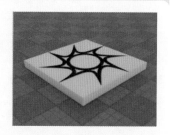

03 [테스트] 탭에서 [플레이]를 클릭해 플레이어가 스폰포인트 위치에 등장하는지 확인합니다.

여기서 잠깐　　**스폰포인트 투명하게 만들기**

스폰포인트가 보이지 않도록 투명하게 만들면 맵을 훨씬 자연스럽게 꾸밀 수 있습니다.

01 스폰포인트를 선택한 후 [탐색기] 창에서 'SpawnLocation'의 'Decal'을 선택해 Delete 키를 눌러 삭제합니다.

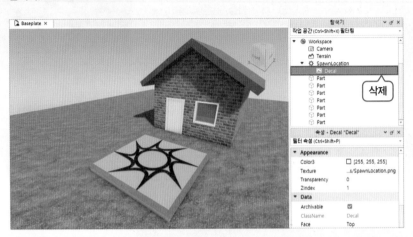

02 [속성] 창의 [Appearance]에서 [Transparency]를 '1'로 설정해 투명하게 바꿉니다.

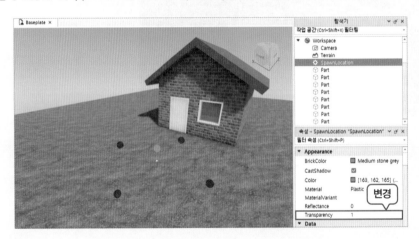

03 [Collision]에서 [CanCollide]를 체크 해제해 플레이어가 투명한 스폰포인트를 충돌 없이 통과할 수 있도록 변경합니다.

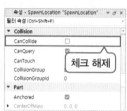

STEP 8 완성하고 저장하기

01 예제 소스의 [Chapter 1] 폴더에 있는 '하우스.rbxl' 파일을 참고하여 지금까지 만든 방법으로 하우스 바닥의 넓이와 벽의 길이, 창문의 개수를 늘리고 색과 재질을 다양하게 꾸며 나만의 하우스를 만들어 보세요.

02 완성한 모델은 [파일] 메뉴에서 [파일에 저장]을 선택해 자신의 컴퓨터에 저장하거나, [Roblox 에 저장]을 선택해 로블록스 스튜디오의 [내 게임]에 저장할 수 있습니다.

NOTE 로블록스 프로젝트 파일의 확장자명은 rbxl입니다.

여기서 잠깐 [자동 복구] 팝업 창 살펴보기

로블록스 스튜디오로 게임을 편집하고 다시 실행하면, 다음과 같이 자동 복구를 위한 팝업 창이 나타납니다. 자동 복구(Auto – Recovery)란 게임을 작업하는 도중에 프로그램이 알 수 없는 오류로 갑자기 강제 종료되는 경우, 이전까지 작업한 파일을 자동으로 저장해 이전 파일을 되살릴 수 있는 기능입니다.

기본적으로는 사용자가 설정해 둔 시간마다 자동 저장되지만, 가끔씩 저장이 안 되는 경우도 있기 때문에 평소에 [삭제] 버튼이 아닌 [무시] 버튼을 클릭해 저장한 파일들을 남겨 두는 습관을 갖는 것이 좋습니다. 물론 자동 복구 파일을 찾는 일이 없도록 파일을 수시로 저장하는 것이 가장 좋습니다.

자동 복구　　　　　　　　　　　　　　　　　　　　　　　×

자동 복구 파일이 발견되었어요!

Roblox Studio가 제대로 종료되지 않아 *데이터가 저장되지 않았을 수 있어요.*

자동 복구 파일을 불러올까요?

- *열기*를 누르면 파일이 열립니다. 파일이 여러 개일 경우 어떤 파일을 불러올지 선택할 수 있습니다. 자동 복구 파일을 불러오고 나면, 파일을 다른 이름으로 다시 저장하기 전까지는 삭제되지 않습니다.

- *무시*를 누르면 파일을 저장하고 계속합니다. 하지만 다음에 Roblox Studio를 열면 이 메시지가 다시 나타납니다.

- *삭제*를 누르면 모든 자동 복구 파일에 대한 삭제가 진행됩니다.

　　　　　　　　　　　　　　　 열기　　　무시　　　삭제

CHECKLIST

지금까지 배운 내용을 떠올리면서 결과물을 잘 만들었는지 스스로 체크해 보세요!

1	빈틈이 있거나 어색하게 툭 튀어나온 파트 없이 깔끔하게 잘 빌드했습니다.			
2	겹치는 파트 없이 잘 빌드했습니다.			
3	아바타의 비율에 맞는 하우스를 빌드했습니다.			
4	맵에 있는 모든 파트를 고정했습니다.			

로블록스 게임 제작 단계

로블록스 스튜디오의 기본 사용법에 대해 익혔다면, 이제 게임을 더욱 실속 있게 완성하기 위한 게임 제작의 단계를 알아보겠습니다. 처음에는 무엇부터 시작해야 할지 몰라 혼란스러울 수 있습니다. 게임 기획부터 그래픽 제작, 스크립트 작성, 그리고 출시까지의 제작 단계에 익숙해지면 앞으로 복잡하고 난이도가 높은 게임도 어려움 없이 만들 수 있습니다.

게임 제작 4단계

게임 제작은 4단계로 나누어 살펴볼 수 있습니다. 꼭 이것을 지켜서 게임을 만들지 않아도 되지만, 기본 제작 단계를 따르면 보다 수월하게 게임을 완성할 수 있습니다. 탄탄한 기획이 없으면 맵을 제대로 구현하지 못하고, 완성된 대상이 없으면 기능을 넣지 못한다는 사실을 기억합시다.

게임 기획하기

게임의 기본 틀과 환경 등의 기능적인 설정을 정하고 게임에 들어갈 콘텐츠를 기획합니다. 처음에는 자신이 생각하고 있는 게임의 모습이나 컨셉을 그림으로 그려서 시각화하는 단계를 거칩니다.

그래픽 제작하기

기획한 내용을 바탕으로 게임에 들어갈 여러 구성 요소를 로블록스 스튜디오로 제작하는 과정입니다. 여기에는 게임에 들어갈 캐릭터와 배경, 아이템, UI 화면 등이 포함됩니다.

스크립트 작성하기

앞에서 만든 구성 요소들이 게임 안에서 움직이거나 여러 효과를 낼 수 있도록 코딩하는 과정입니다. 버튼을 누르는 순간 이동하거나 적을 공격하면 쓰러지는 애니메이션, 사운드 효과 등 게임을 더욱 실감 나게 만들기 위한 다양한 스크립트를 작성합니다.

게임 출시하기

완성한 게임에 오류가 없는지 테스트한 다음, 문제가 없으면 로블록스 플랫폼에 올리기 위한 준비를 합니다. 게임의 이름과 설명, 간단한 소개 화면 등 다른 사람들의 이목을 끌 수 있는 요소들을 추가하고 플랫폼에 출시합니다.

로블록스 개발 분야 알아보기

게임 회사에서 여러 사람이 함께 게임을 개발할 때는 각자 전문적으로 담당하는 분야가 있지만, 혼자서 게임을 만드는 경우에는 다양한 게임 개발 분야의 특성을 알아 두는 것이 좋습니다. 일반적으로 다음과 같은 역할이 필요합니다.

게임 기획자

게임 기획자(Game Designer)는 게임의 전체 체계를 구상하고 전반적인 기획을 담당합니다. 모든 분야를 완벽하게 마스터할 필요는 없지만 어느 정도의 게임 관련 지식과 다양한 제작 경험이 있으면 유리합니다. 특히 콘텐츠를 잘 구성하고 게임의 구조를 효과적으로 설계할 수 있어야 합니다.

빌더

빌더(Builder)는 게임 내에 존재하는 월드, 즉 게임의 맵을 창조합니다. 레고 블록을 만들 듯이 파트를 하나씩 쌓고 붙이면서 완성된 하나의 게임 세계를 만듭니다. 맵은 게임의 첫인상이 되는 중요한 요소이므로 복잡하고 다양한 환경을 실감 나게 만들 수 있는 기술이 필요합니다.

3D 모델러

3D 모델러(3D Modeler)는 사물이나 음식, 캐릭터, 아이템 등 게임에 필요한 여러 요소를 제작합니다. 3차원 오브젝트의 형태를 만들기 위해 로블록스 스튜디오에서 지원하는 편집 툴에서 더 나아가 Blender, 3ds Max(맥스) 등 다른 소프트웨어를 사용하기도 합니다.

스크립터

스크립터(Scripter)는 게임의 핵심 기능인 스크립트 제작을 담당합니다. 일반적으로는 게임 프로그래머라고 부르지만, 로블록스에서는 프로그래머 대신 스크립터라고 부릅니다. 스크립터는 루아(Lua) 언어를 사용해 서버, 플레이어 데이터, 움직이는 장애물 등 게임의 모든 기능을 만듭니다.

UI 디자이너

UI 디자이너(UI Designer)는 인벤토리 창, 상점 창, 인트로 등 플레이어가 게임 내에서 상호작용하는 각종 버튼과 스크린을 만듭니다. 대부분의 UI는 게임 맵과 더불어 플레이어가 가장 먼저 접하는 부분이므로 시각적인 인터페이스가 중요합니다. 로블록스 스튜디오에서 주로 작업하지만, UI를 표현하기에는 한계가 있어서 주로 Photoshop이나 Paint.NET 등과 같은 소프트웨어를 함께 이용합니다.

그래픽 디자이너

그래픽 디자이너(Graphic Designer)는 게임의 썸네일과 아이콘 등 게임 내에서 쓰이는 모든 이미지를 만듭니다. 전문적인 그래픽 디자이너들은 Photoshop에서 작업하거나 Blender, Cinema4D와 같은 소프트웨어를 이용합니다.

이펙터

이펙터(Effector)는 빌더, 모델러와 함께 게임의 비주얼을 담당합니다. 불타는 검, 폭발, 마법 효과 등 게임의 배경이나 캐릭터가 동작하는 과정에 시각적인 효과를 넣습니다. 로블록스 스튜디오에 탑재되어 있는 기능(ParticleEmitter, Beam, Trails 등)뿐만 아니라 Photoshop, 애니메이션 편집기 등을 능숙하게 다루어야 합니다.

애니메이터

애니메이터(Animator)는 캐릭터의 동작, 움직이는 배경 요소 등 동작하는 모든 것들의 리깅 (Rigging, 캐릭터가 움직일 수 있도록 뼈대를 만드는 일)과 키프레임(Key Frame, 캐릭터의 동작 이 부드럽게 전환될 수 있도록 움직임의 시작점과 끝점을 정의하는 일) 작업을 합니다. 처음 배울 때 는 로블록스 스튜디오 플러그인에 자체적으로 설치되어 있는 애니메이션 에디터를 사용하지만, 능숙 해지면 Moon Animator라는 플러그인이나 Blender 등 다른 3D 그래픽 소프트웨어와 혼용하여 애니메이션을 제작하기도 합니다.

게임 의상 디자이너

게임 의상 디자이너(Clothing Designer)는 로블록스 캐릭터의 2D 옷을 만듭니다. 비슷한 블록 게임인 마인크래프트(Minecraft)의 의상은 64×64 픽셀로 만들지만, 로블록스는 585×559 픽 셀로 이루어져 있어 더욱 자유롭게 제작할 수 있습니다. 게임 의상은 무료 이미지 편집 사이트나 Photoshop, Paint.NET 등으로 작업합니다.

작곡가

작곡가(SFX Composer; Special Effects)는 게임의 배경 음악을 작곡하거나 버튼 클릭 사운드와 같은 다양한 사운드 이펙트를 제작합니다. 특히 판타지 게임의 경우 영화 OST처럼 게임의 특징을 아우르는 배경 음악이 필요하므로 기본적으로 음악을 연주할 수 있는 소프트웨어나 악기를 다룰 수 있으면 좋습니다.

Chapter 2
로블록스와
루아 언어

스크립트는 로블록스 게임의 다양한 기능을 보다 역동적으로 구현하기 위해 사용합니다. 로블록스에서는 루아 언어를 사용하여 스크립트를 작성하는데, 다른 프로그래밍 언어에 비해 비교적 간단한 문법을 가지고 있어 누구나 어렵지 않게 배울 수 있습니다. 루아 언어는 로블록스뿐만 아니라 앵그리버드, 마인크래프트, 월드 오브 워크래프트 등의 다른 여러 게임 개발에도 사용됩니다.

2장에서는 로블록스 게임 개발의 기초를 다지기 위한 로블록스 스튜디오 탐색기의 구조와 루아 언어의 기본적인 문법에 대해 알아보겠습니다. 또한 다양한 기능을 구현하는 스크립트를 작성해 보고 여러 오브젝트의 종류, 서버 및 클라이언트의 구조에 대해서도 살펴봅시다.

2-1 탐색기와 스크립트

로블록스 스튜디오의 탐색기에 들어 있는 세부 항목들은 각기 다른 특성을 갖고 있지만 서로 밀접하게 연관되어 있습니다. 게임에 필요한 모든 요소는 탐색기 창에서 계층 구조로 관리되며, 스크립트 역시 탐색기를 통해 구현됩니다. 지금부터 탐색기의 구조와 특성에 대해 알아보겠습니다.

탐색기의 구조

[탐색기]는 게임의 플레이스 안에 존재하는 모든 요소들을 계층 구조로 보여 주는데, 여기에서 파트, 이펙트, 스크립트 등의 오브젝트를 생성하거나 삭제할 수 있습니다. 속성을 변경하고 싶은 오브젝트를 [탐색기] 창에서 선택한 다음 [속성] 창에서 수정하면 됩니다.

[탐색기] 창의 [Workspace], [Players], [Lighting] 등 바로 보이는 목록은 로블록스 스튜디오에 기본 설정된 게임 서비스(Service)를 나열한 것입니다. 이것을 탐색기의 '항목'이라고 하며, 최상위 항목들은 삭제하거나 새롭게 생성할 수 없습니다. 우리는 이 최상위 항목에 속하는 자식(Child) 객체를 만든다고 생각하면 됩니다.

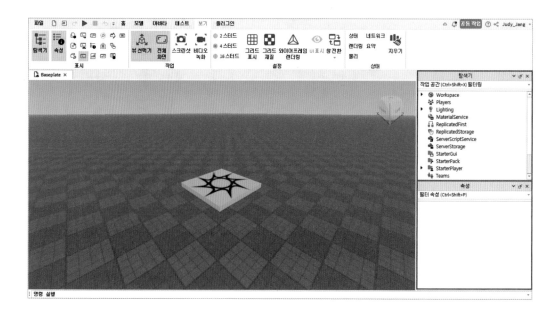

NOTE 스튜디오 화면에서 [탐색기] 창이 보이지 않는다면 상단 메뉴 바에서 [보기] 탭의 [탐색기] 버튼을 클릭합니다.

여기서 잠깐 **계층 구조란?**

계층 구조는 여러 객체가 서로 연결되어 있는 데이터 구조로, 부모(Parent) 객체 밑에 자식(Child) 객체가 있는 형태로 구성되어 있습니다. 파트를 생성하면 [탐색기] 창의 [Workspace] 아래로 [Part] 항목이 생성되는 것을 볼 수 있는데, 이것은 파트가 [Workspace] 그룹에 속한다는 것을 나타냅니다. [Workspace] 왼쪽에 있는 화살표(▼)를 클릭하면 밑으로 그 부모 객체에 속한 자식 객체가 나타나거나 숨겨지는 것을 볼 수 있습니다.

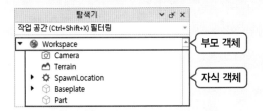

계층 구조를 통해 게임 시스템의 구조를 쉽게 파악할 수 있고, 부모 객체 밑의 자식 객체들을 한 번에 관리할 수 있어 편리합니다. 또한 다른 부모 객체를 가진 객체들의 영향도 받지 않아 안정적입니다.

탐색기의 항목

각 항목에 따라 사용하는 스크립트나 오브젝트의 종류가 다르기 때문에 우리가 설정해 놓은 항목의 특징에 따라 게임이 작동합니다. 지금부터 탐색기에 있는 항목들의 특징과 속성을 알아보고, 알맞은 위치에 오브젝트와 스크립트를 직접 작성하는 연습을 해봅시다.

Workspace

게임 화면에 나타나는 각종 오브젝트와 지형, 캐릭터, 이펙트 효과 등을 표시하는 항목입니다. 일단 게임 화면에 보이는 객체라면 모두 이 [Workspace]의 자식 객체라고 보면 됩니다.

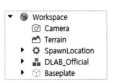

Players

로블록스 게임에 접속한 플레이어의 ID를 표시하는 항목입니다. [Players]에는 게임을 실행하고 있을 때 접속 중인 플레이어의 ID뿐만 아니라, 게임을 만들고 있을 때 함께 게임을 편집하고 있는 이용자의 ID까지 모두 표시됩니다.

Lighting

게임 환경에서의 조명, 즉 빛을 관리하는 항목입니다. 게임의 전체적인 색상이나 밝기, 게임 안에서의 낮과 밤 설정, 구름의 양, 안개, 그림자 등이 모두 [Lighting]에 해당합니다. [Lighting]을 잘 활용하면 게임의 테마와 컨셉에 알맞은 분위기를 만들 수 있습니다.

ReplicatedFirst

게임을 시작했을 때 플레이어에게 기본적으로 적용되어야 하는 설정과 게임 시작 화면을 저장하는 항목입니다. 플레이어가 게임을 시작하면 바로 활용할 수 있도록 로딩 화면과 기본 플레이어 설정, 게임 스크립트, 게임 매뉴얼 등을 저장합니다.

ReplicatedStorage

플레이어에게 적용할 스크립트나 오브젝트를 저장하는 창고와 같은 항목입니다. 이 항목 안에 있는 오브젝트는 기본 게임 화면에는 표시되지 않고, 필요한 경우 언제든지 꺼내어 적용할 수 있습니다. 따라서 특정한 상황에서만 플레이어에게 적용되어야 하는 객체를 [ReplicatedStorage] 항목의 자식 객체로 저장합니다.

ServerScriptService

서버 전용 스크립트를 보관하는 항목입니다. 이 공간에 저장된 스크립트는 게임을 플레이하는 중에 어떤 영향도 받지 않습니다. 따라서 어떤 상황에서도 변하지 않아야 하는 중요한 스크립트, 즉 게임의 전반적인 규칙이나 구동을 위한 메인 코드 등을 작성해 이곳에 저장합니다.

ServerStorage

서버 전용 오브젝트를 보관하는 항목입니다. [ServerScriptService]에 스  크립트를 저장한다면 [ServerStorage]에는 스크립트 이외의 오브젝트를 저장합니다. 이 항목도 [ServerScriptService]와 마찬가지로 어떤 상황에서도 변하지 않아야 하는 오브젝트를 저장합니다.

StarterGui

게임의 GUI를 생성하고 저장하는 항목입니다. 게임 화면에 기본으로 표시되 는 메뉴 버튼, 체력 막대, 상점, 타이머 등이 해당됩니다. [StarterGui]의 오브젝트는 게임을 실행했을 때 [Players]의 자식 객체인 [PlayerGui]로 복사되어 플레이어의 화면에 표시됩니다.

```
▼ 🔠 Players
   ▼ 🙎 DLAB_Official
          ◇ Backpack
          ◇ StarterGear
     ▶ ◇ PlayerGui
     ▶ ◇ PlayerScripts
```

여기서 잠깐 GUI란?

GUI(Graphic User Interface)는 게임의 인터페이스를 편리하게 사용하기 위해 화면에 그림, 버튼, 텍스트 등을 나타내는 그래픽을 말합니다. 버튼 텍스트 박스나 프레임 등의 GUI를 클릭하거나 키보드로 텍스트를 입력하여 게임과 상호작용할 수 있습니다. 플레이어의 이름표나 아이템, 매뉴얼 등이 대표적입니다.

StarterPack

플레이어가 소지하고 있는 아이템을 보관하는 항목입니다. [StarterPack]에 들어  있는 아이템은 게임 화면에서 플레이어의 밑에 표시되며 클릭하여 사용할 수 있습니다. 게임을 실행 하면 [Players]의 [Backpack] 폴더에 모든 아이템들이 복사되어 플레이어가 아이템을 사용할 수 있게 됩니다.

| 아이템을 소지하지 않은 경우

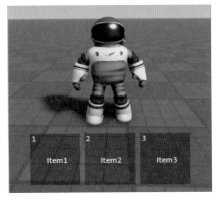

| 아이템을 소지한 경우

StarterPlayer

플레이어의 속성을 설정하는 항목입니다. 게임을 실행하면 [StarterPlayer] 에서 설정한 플레이어의 체력, 점프 높이, 시야 등의 스크립트가 바로 적용 됩니다.

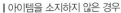

이 항목에는 2개의 하위 폴더가 있습니다. 게임을 실행하면 생기는 자식 객체가 복사되는 최상위 폴더가 각각 다르므로 적용하고 싶은 기능에 따라 하위 폴더를 선택해 스크립트를 작성해야 합니다.

StarterPlayer의 하위 폴더

StarterCharacterScripts	플레이어가 게임에 접속해 처음 캐릭터가 생성될 때마다 적용되어야 하는 [Character_Scripts]를 보관합니다. 주로 플레이어의 체력, 달리는 속도, 점프 높이 등을 설정합니다.
StarterPlayerScripts	게임을 실행하고 플레이어에게 한 번만 적용되어야 하는 [Player_Scripts]를 보관합니다. 주로 GUI, 스크립트, Team, 아이템 등을 설정합니다.

게임을 실행했을 때 [StarterPlayer] 속성에 저장된 [Character_Scripts]는 [탐색기] 창에서 [Workspace] –[자신의 게임 ID] 항목(여기서는 DLAB_Official) 안에, [Player_Scripts]는 [Players] – [PlayerScripts] 항목 안에 복사됩니다.

 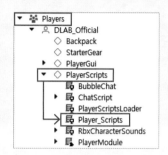

Teams

여러 팀이 함께 게임을 플레이할 때 각 팀의 속성을 설정하는 항목입니다. **Teams**

[Teams] 안에 있는 [TeamColor] 속성의 색상을 바꿔 팀을 나누거나 랜덤 또는 수동으로 팀을 결정할 수 있습니다. 팀을 색상에 따라 나누는 경우에는 여러 가지 색상을 설정해 2개 이상의 팀으로도 설정할 수 있습니다.

SoundService

게임의 효과음이나 배경 음악과 같은 소리 파일을 저장하고 관리하는 항목입니 **SoundService**
다. 플레이어가 게임에 접속하면 여기에 설정해 둔 소리가 재생되고, 소리가 재생되는 방식을 변경하면 게임의 분위기에 맞는 효과음을 다양하게 설정할 수 있습니다.

스크립트와 주석

스크립트(Script)는 루아 언어로 작성하며, 게임에 필요한 여러 기능을 추가하는 역할을 합니다. 로블록스 스튜디오에서 스크립트를 추가하려면 [탐색기] 창의 [Workspace] 항목에 마우스 커서를 가져다 놓았을 때 나타나는 ⊕ 아이콘을 클릭한 후 [Script]를 선택해 자식 객체를 생성합니다. 스크립트를 작성하고 상단 메뉴 바의 [보기] 탭에서 [출력] 아이콘을 클릭하면 뷰포트 하단에 [출력] 창이 생깁니다. 여기에서 작성한 스크립트의 출력 결과를 확인할 수 있습니다.

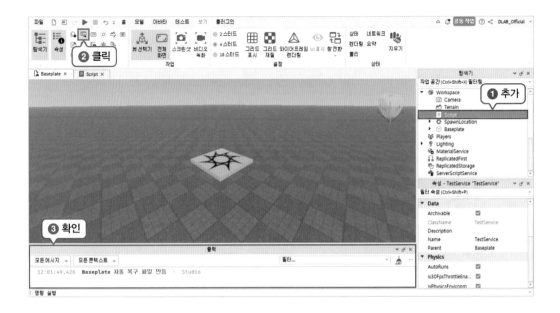

로블록스의 스크립트에는 Script, LocalScript, ModuleScript 세 가지 종류가 있습니다. 각 스크립트의 기능과 구현 범위, 탐색기에서의 위치에 따라 사용해야 하는 스크립트의 종류가 다르기 때문에 목적에 맞는 스크립트를 잘 선택하여 코드를 작성해야 합니다. 3장 예제 소스에 있는 스크립트를 열어 보면 영어로 되어 있는 코드와 함께 한글로 된 설명을 볼 수 있는데, 이것을 주석이라고 합니다. 지금부터 게임에서 자주 사용되는 스크립트인 Script와 LocalScript, 그리고 주석에 대해 알아보겠습니다.

```
1    -- 변수 선언
2    local Players = game:GetService("Players")
3    local firstSpawn
4
5    -- 플레이어가 SpawnLocation을 터치했을 때, 플레이어의 RespawnLocation을 최근에 밟은 SpawnLocation을
6  ▼ local function addSpawn(spawnLocation) --
7  ▼     spawnLocation.Touched:Connect(function(hit)
8            local character = hit:FindFirstAncestorOfClass("Model")
9  ▼         if character then
10               local player = Players:GetPlayerFromCharacter(character)
11 ▼             if player and player.RespawnLocation ~= spawnLocation then -- 플레이어의 Respawn
12                   local humanoid = character:FindFirstChildOfClass("Humanoid")
13 ▼                 if humanoid and humanoid:GetState() ~= Enum.HumanoidStateType.Dead then --
14                       player.RespawnLocation = spawnLocation
15                   end
16               end
17           end
18       end)
19   end
```

Script

[Script]는 서버에서 게임을 구동하는 기능을 작성하는 기본적인 스크립트입 📄 Script
니다. 주로 게임의 전체 규칙이나 모든 플레이어에게 적용해야 하는 기능을 작성하기 때문에 [탐색기]

창의 [Workspace] 또는 [ServerScriptService] 항목에 생성해 사용하는 경우가 일반적입니다. [Script]에 작성한 기능은 모든 플레이어에게 동시에 적용되기 때문에 게임을 시작하면 모든 플레이어의 화면에 동일한 스크립트가 실행되는 것을 확인할 수 있습니다.

LocalScript

[LocalScript]는 여러 명이 함께하는 게임에서 플레이어마다 다르게 적용되어야 하는 기능을 작성하는 스크립트입니다. 플레이어의 역할별로 다르게 표시되어야 하는 GUI나 아이템 등의 속성을 설정하는 기능을 작성합니다. 이 스크립트는 [탐색기] 창의 [StarterGui] 또는 [StarterPlayer] 항목에 생성해 사용하는 경우가 일반적입니다. 게임의 전체 규칙을 작성하는 [Scirpt]에 영향을 주지 않기 때문에 서로 다른 두 스크립트가 상호작용하기 위해서는 서버로 신호를 전달해야 합니다.

주석

로블록스에서는 여러 사람이 공동으로 게임을 제작하는 경우가 많기 때문에 스크립트에 작성자나 코드에 대한 설명, 주의 사항 등의 코멘트를 기록해 두는 것이 필요합니다. 이때 코드에는 영향을 주지 않지만 함께 작업하는 사람이 확인할 수 있는 설명을 주석으로 작성합니다. 루아 언어에서 주석을 작성하는 방법은 다음과 같이 두 가지가 있습니다.

주석 작성 방법

--	한 줄짜리 주석을 작성할 때 코드 앞에 붙여서 사용합니다. 대체로 코드 시작 부분에 코드의 역할이나 기능을 짤막하게 요약해 작성하는 경우가 많습니다.
--[[ ]]--	주석을 여러 줄로 작성할 때 시작과 끝 부분에 붙여서 사용합니다. 코드의 전반적인 설명이나 놓치지 말아야 할 주의 사항을 작성할 때 주로 사용합니다.

지금까지 배운 내용을 바탕으로 스크립트를 작성하고 실행해 보겠습니다. [탐색기] 창의 [Workspace] 항목에 마우스 커서를 가져다 놓으면 나타나는 아이콘을 클릭한 후 [Script]를 선택해 스크립트를 생성합니다. 그리고 다음과 같이 스크립트에 주석만 작성한 후 실행해 보겠습니다. 스크립트 실행은 상단 메뉴 바의 [보기] 탭에서 [출력] 아이콘을 클릭하고 [플레이] 버튼을 클릭하면 됩니다. 주석은 코드에 영향을 주지 않기 때문에 [출력] 창의 출력 결과에 아무것도 출력되지 않는 것을 확인할 수 있습니다.

```
1    --한 줄 주석 처리가 가능합니다.
2    --[[
3    여러 줄을
4    한 번에
5    주석 처리할 수 있습니다.
6    ]]--
```

출력 결과

2-2 변수와 자료형

게임을 하는 도중에는 레벨, 체력, 게임 시간, 플레이어 수와 같은 데이터가 계속해서 변화합니다. 따라서 변화하는 데이터를 한 곳에 저장하고 필요할 때마다 불러와 확인하거나 변경할 수 있는 공간이 필요합니다. 이번 절에서는 데이터의 작업 공간, 스크립트에서 기본적으로 알아야 하는 변수와 자료형의 특징에 대해 알아보겠습니다.

변수

변수(Variable)란 프로그램에서 데이터를 저장하기 위한 공간입니다. 변수에 저장된 데이터는 게임을 만들면서 필요할 때마다 언제든지 불러오거나 변경할 수 있습니다. 변수를 대입하는 방법은 **변수 이름 = 변수에 대입할 값** 형식으로 매우 간단합니다. 이렇게 데이터를 변수에 저장하는 것은 '선언한다'라고 표현합니다.

변수를 왜 사용하는 걸까요? 변수의 이름만 알고 있다면 우리가 사용할 데이터를 얼마든지 불러오거나 변화시킬 수 있기 때문입니다. 계속해서 바뀌는 데이터를 쉽게 관리할 수 있고, 변수의 이름과 값만 보면 처음부터 코드를 만든 사람이 아니더라도 쉽게 이해할 수 있어 편리합니다. 주로 플레이어의 이름이나 점수, 타이머, HP, 공격력, 방어력 등을 변수로 활용합니다.

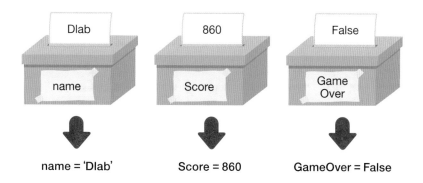

| name = 'Dlab' | Score = 860 | GameOver = False |

따라서 변수의 이름은 저장된 데이터의 의미를 가장 잘 나타내는 이름으로 정하는 것이 중요합니다. 또한 한 스크립트 안에서 같은 이름의 변수는 중복으로 만들 수 없으며, 다음과 같이 변수의 이름을 짓는 세 가지 규칙을 따릅니다.

❶ 변수 이름에는 띄어쓰기를 할 수 없습니다.

❷ 변수 이름은 숫자로 시작할 수 없습니다.

❸ 루아 언어에 기본으로 설정되어 있는 예약어는 변수로 쓸 수 없습니다.

여기서 잠깐 　**예약어의 종류**

다음은 루아 언어에서 쓰는 대표적인 예약어입니다.

and, break, do, else, elseif, and, false, for, function, if, in, local, nil, not or, repeat, return, then, true, until, while

NOTE 로블록스에서 스크립트를 작성할 때 변수의 이름은 대문자로 시작해도 상관없지만, 주로 소문자로 시작하도록 정합니다. 함수의 이름이나 오브젝트들의 이름들이 대부분 대문자로 시작하기 때문에 변수의 이름과 혼동하지 않기 위함입니다.

변수에 저장되는 데이터들은 숫자, 문자 등과 같은 다양한 형태의 자료형(DataType)을 가집니다. 예를 들어 캐릭터 이름이나 팀 색상은 문자형 데이터이고, 게임 레벨이나 남은 플레이 시간, 플레이어의 수 등은 숫자형 데이터입니다. 또한 파트와 이펙트 같은 오브젝트도 변수에 저장할 수 있습니다.

여기서 잠깐 　**지역 변수와 전역 변수**

변수는 사용되는 범위에 따라 지역 변수(Local Variable)와 전역 변수(Global Variable)로 나뉩니다. 지역 변수는 선언한 범위 안에서만 변수를 활용할 수 있고, 전역 변수는 스크립트 전체에서 활용할 수 있습니다. 지역 변수로 선언된 변수는 변수의 이름을 알고 있다고 해도 작성하고 있는 스크립트 또는 함수 등 지정한 범위 밖에서는 활용할 수 없습니다.

변수 이름 앞에 아무 것도 없으면 전역 변수로 선언되고, 변수 앞에 'local'을 붙여 주면 지역 변수로 선언됩니다. 로블록스에서는 주로 지역 변수를 사용해 스크립트를 작성하므로 이 책에서도 모든 변수를 지역 변수로 선언해 사용하겠습니다.

스크립트 　**지역 변수 선언하기**

```
1    --지역 변수는 local이라는 예약어를 사용해 선언합니다.
2    local number = 6
```

문자열

문자열(String)은 문자를 나타내는 자료형 데이터로, 한국어나 영어, 숫자 등의 문자를 큰따옴표("")
나 작은따옴표('')로 감싸 표현합니다. 문자열은 주로 플레이어의 이름, 캐릭터, GUI, 매뉴얼, 말풍
선 등 게임 속에서 문자로 나타내야 하는 곳에 사용합니다.

스크립트   문자열 표현하기

```
1   local name = 'dlab'
2   local age = "20" --숫자를 따옴표로 감싸면 문자로 표현됩니다.
3   local game = "로블록스"
```

문자열 연산자

루아 언어에서만 사용하는 연산자인 .. 연산자를 활용하면 두 개의 문자열을 하나로 합칠 수 있습니
다. 여러 문자열의 조합이 가능해지기 때문에 주로 GUI나 말풍선에 텍스트를 표시할 때 사용합니다.
예를 들어 게임 결과 화면에서 승리한 팀의 이름 'dlab'과 '승리!'라는 문자열을 합쳐 다음과 같이 표
시할 수 있습니다.

스크립트   .. 연산자 사용하기

```
1   local team = 'dlab'
2   local text = '승리!'
3
4   print(team..text)
```

출력 결과

dlab승리!

여기서 잠깐   print( ) 함수 알아보기

print( ) 함수는 로블록스 스튜디오의 [출력] 창에 내용을 표시하는 함수입니다. 게임을 플레이할 때는 표시되
지 않지만 개발 도중 스크립트 동작이나 오류를 출력하여 확인하는 데 사용합니다.

연산자는 문자열의 길이를 반환하는 연산자입니다. 문자열 변수 앞에 붙여서 사용하면 문자열의 글
자 수를 알 수 있습니다. 여기에는 공백의 개수도 포함됩니다.

스크립트	# 연산자 사용하기

```
1    local s1 = 'roblox and lua'
2    print(#s1)
```

출력 결과

14

숫자

숫자(Number)는 말 그대로 숫자로 표시되는 값을 나타내는 자료형 데이터로, 덧셈 뺄셈과 같은 연
산이 가능합니다. 숫자 데이터를 변수에 대입하여 레벨, 체력, 타이머, 점수 등을 설정하거나 게임 규
칙에 따라 여러 가지 값으로 연산할 수 있습니다.

스크립트	숫자 표현하기

```
1    local hp = 57.3
2    local energy = 2
3    local score = hp + energy
4
5    print(score)
```

출력 결과

59.3

여기서 잠깐	문자열로 선언된 숫자끼리 더하기 연산이 가능할까?

루아에서는 문자열로 선언된 숫자를 연산할 경우, 문자열을 자동으로 숫자로 변환시킵니다.

예) print('30'+25) → 출력 결과 55

하지만 이 방법은 특정 기능이 문자로 인식되어야 하는 상황에서도 적용되기 때문에 프로그램에 오류가 발생
할 수 있으므로 가급적 사용하지 않는 것이 좋습니다.

닐

닐(nil)은 존재하지 않는 값을 나타내는 자료형 데이터입니다. 변수를 선언했지만 아무 값도 들어가
있지 않거나 미리 선언되지 않은 변수를 출력하면 'nil'이라고 출력되는 것을 볼 수 있습니다. 이러한

특성 때문에 닐은 미리 선언했던 변수의 값을 제거하고자 할 때 사용하기도 합니다.

닐 표현하기

```
1    local score = nil
2    local name =
3
4    print(score)
5    print(name)
```

출력 결과

```
nil
nil
```

부울

부울(boolean)은 참(true)과 거짓(false)을 나타내는 자료형 데이터로, 우리가 주변에서 흔히 볼 수 있는 O/X, on/off, 정답/오답 등의 결과를 나타냅니다. 루아 언어에서는 아무것도 존재하지 않는 값인 닐과 '거짓'을 제외한 모든 값은 '참'이라고 판단합니다. 부울로 표현된 결괏값으로 조건문이나 반복문을 실행시키거나 오브젝트의 속성을 변경할 수 있습니다.

부울 표현하기

```
1    local bool1 = true
2    local bool2 = false
3
4    print(bool1)
5    print(type(bool2))
```

출력 결과

```
true
boolean
```

type() 함수 알아보기

type()은 변수의 자료형을 출력하는 함수입니다. print() 함수 안에 사용하면 [출력] 창에서 데이터의 자료형을 확인할 수 있습니다.

테이블

테이블(Table)은 여러 개의 데이터를 한 번에 관리할 수 있는 자료형 데이터입니다. 테이블을 사용하면 문자열, 숫자, 닐, 부울 등의 다양한 자료형을 한 번에 저장할 수 있습니다.

테이블은 다음과 같이 중괄호({})를 사용해 선언합니다. 데이터를 입력하지 않아도 생성할 수 있고, 초깃값을 지정한 상태로 생성할 수도 있습니다.

스크립트	테이블 표현하기

```
1    local myTable = {} --비어 있는 테이블
2    local color = {'Red', 'Green', 'Blue'} --초깃값 지정 테이블
```

테이블에는 배열과 딕셔너리 두 가지 형태가 있습니다. 지금부터 하나씩 살펴보겠습니다.

테이블 배열

테이블 배열(Table Array)은 데이터를 쉼표(,)로 구분하여 작성합니다. 작성된 데이터들은 앞에서부터 순서대로 번호를 가지는데, 이 번호를 인덱스(Index)라고 합니다. 인덱스는 1번부터 시작하므로, 앞에서 본 스크립트에서 지정한 'color' 테이블은 다음 표와 같이 구성되어 있다고 생각하면 쉽습니다.

color 테이블의 인덱스 구성

인덱스 번호	1	2	3
데이터	Red	Green	Blue

테이블 배열에서 데이터 찾기

하나의 테이블에 존재하는 인덱스는 고유한 값이므로 같은 테이블 안의 데이터가 동일한 인덱스를 가질 수 없습니다. 따라서 테이블 배열에서 데이터를 불러와 활용하고 싶을 때는 **테이블 이름 [인덱스 번호]** 형식으로 원하는 데이터를 불러올 수 있습니다. 이렇게 인덱스 번호를 이용해 원하는 데이터를 찾는 과정을 인덱싱(Indexing)이라고 합니다.

테이블 배열에서 인덱싱하기

```
1    local color = {'Red', 'Green', 'Blue'}
2    print(color)
3    print(color[1])
```

출력 결과

```
▼ {
      [1] = "Red",
      [2] = "Green",
      [3] = "Blue"
  }
Red
```

테이블 배열의 쓰기

테이블 배열에 원하는 값을 입력하거나 데이터를 변경하고 싶다면 앞에서 배운 인덱스를 활용합니다. 변경하고 싶은 데이터의 인덱스 번호를 찾은 다음, 변수에 대입하듯이 = 연산자를 사용해 변경할 데이터를 입력합니다. 인덱스에 데이터가 존재하는 경우에는 새롭게 대입한 값으로 변경되고, 아직 데이터가 저장되지 않은 인덱스라면 새로운 데이터로 추가됩니다.

'color' 테이블의 2번 인덱스를 'Green'에서 'Yellow'로 바꾸고, 'Pink'를 새롭게 추가해 보겠습니다. 'color' 테이블에는 3번 인덱스까지 구성되어 있기 때문에 'Pink' 데이터는 4번 인덱스에 추가합니다.

스크립트 **테이블 배열 새로 쓰기**

```
1    local color = {'Red', 'Green', 'Blue'}
2    color[2] = 'Yellow'
3    color[4] = 'Pink'
4
5    print(color[2])
6    print(color[4])
```

출력 결과

```
Yellow
Pink
```

테이블 배열의 삽입

테이블 배열에 값을 입력하기 위해 인덱스 번호를 활용하였습니다. 하지만 마지막에 새로운 값을 추가하고 싶은데 배열의 전체 길이와 마지막 데이터의 인덱스를 모른다면 어떻게 해야 할까요? 이때는 문자열의 길이를 반환하는 # 연산자를 사용하거나 table.insert() 함수를 사용하는 방법이 있습니다.

연산자는 문자열뿐만 아니라 테이블에서도 사용할 수 있는 연산자입니다. 문자열에서 문자의 길이를 반환하였다면, 테이블에서는 데이터의 전체 개수를 반환합니다. 이를 이용해 데이터의 수보다 1만큼 큰 인덱스에 원하는 값을 대입하면 테이블 배열의 마지막에 데이터를 추가로 입력할 수 있습니다.

table.insert() 함수는 테이블에서 사용할 수 있는 함수입니다. **table.insert(테이블 이름, 데이터)** 형식으로 입력하면 테이블 배열의 마지막에 데이터를 입력할 수 있습니다.

스크립트 | 테이블 배열에 새로운 데이터 삽입하기 ①

```lua
1   local color = {'Red', 'Green', 'Blue'}
2
3   --# 연산자를 이용한 데이터 삽입
4   color[#color+1] = 'Orange'
5
6   --table.insert() 함수를 이용한 데이터 삽입
7   table.insert(color, 'Yellow')
8
9   print(color[4])
10  print(color[5])
```

출력 결과

```
Orange
Yellow
```

만약 테이블 배열의 마지막이 아닌 중간에 데이터를 삽입하고 싶다면 **table.insert(테이블 이름, 인덱스 번호, 데이터)** 형식으로 원하는 위치에 데이터를 삽입합니다. 이렇게 하면 삽입한 인덱스의 다음 항목이 자동으로 한 인덱스 뒤로 이동하면서 인덱스의 전체 길이가 늘어나게 됩니다.

스크립트 　　테이블 배열에 새로운 데이터 삽입하기 ②

```
1  local color = {'Red', 'Green', 'Blue'}
2  table.insert(color, 2, 'Yellow')
3
4  print(color[2])
5  print(color[3])
```

출력 결과

```
Yellow
Green
```

테이블 배열의 제거

테이블 배열의 특정 값을 제거하고 싶다면 **table.remove(테이블 이름, 인덱스 번호)** 형식으로 원하는 데이터를 제거할 수 있습니다. 이렇게 하면 제거한 인덱스의 다음 항목이 자동으로 한 인덱스 앞으로 이동하면서 인덱스의 전체 길이가 줄어들게 됩니다.

스크립트 　　테이블 배열에서 데이터 제거하기

```
1  local color = {'Red', 'Green', 'Blue'}
2  table.remove(color,1)
3
4  print(color[1])
5  print(color[2])
6  print(color[3])
```

출력 결과

```
Green
Blue
nil
```

테이블에 닐 값 대입하기

테이블 배열의 특정 인덱스에 'nil'을 대입하면 데이터는 제거되지만, 인덱스는 원래 상태 그대로 남아 있게 됩니다. 따라서 인덱스의 전체 길이는 변하지 않고 닐 값만 생겨납니다.

테이블 딕셔너리

테이블 딕셔너리(Table Dictionary)는 사전을 떠올리면 이해하기 쉽습니다. 사전에서 원하는 단어를 검색하면 일대일로 그 뜻을 확인할 수 있는 것처럼, 딕셔너리는 키(key)와 값(value)의 쌍으로 구성되어 있습니다. 따라서 키에는 이름, 값에는 키에 대한 데이터를 입력하고 = 연산자를 이용해 서로 연결해 줍니다. 원하는 데이터를 찾으려면 **테이블 이름[키]**의 형식으로 작성하면 됩니다.

스크립트 **테이블 딕셔너리 표현하기**

```
1  local fruits = {
2      Apple = 1500,
3      Lemon = 2100,
4      Banana = 5700
5  }
6  print(fruits['Apple'])
```

출력 결과

1500

fruits 테이블의 딕셔너리 구성

키(key)	Apple	Lemon	Banana
값(value)	1500	2100	5700

테이블 딕셔너리의 추가와 수정

테이블 딕셔너리에 새로운 키와 값을 추가하거나 기존의 값을 수정하고 싶다면 키와 대입 연산자 =을 활용합니다. 이렇게 하면 새로운 키와 값이 입력되고, 이미 존재하는 데이터라면 입력한 대로 키의 값이 변경됩니다.

스크립트 테이블 딕셔너리에서 데이터 수정하고 추가하기

```lua
1   local fruits = {
2       Apple = 1500,
3       Lemon = 2100,
4       Banana = 5700
5   }
6   --기존 키 값 수정하기
7   fruits['Lemon'] = 2300
8   --새로운 키 값 추가하기
9   fruits['Mango'] = 6000
10
11  print(fruits['Lemon'])
12  print(fruits['Mango'])
```

출력 결과

```
2300
6000
```

테이블 딕셔너리의 제거

테이블 딕셔너리에서 키와 값을 제거하려면 제거하고 싶은 키 값에 'nil'을 대입합니다. 딕셔너리는 배열과 달리 인덱스가 없고, 배열의 순서가 중요한 자료형 데이터가 아니기 때문에 'nil'을 대입해 간단하게 기존 값을 제거할 수 있습니다.

스크립트 테이블 딕셔너리에서 데이터 제거하기

```lua
1   local fruits = {
2       Apple = 1500,
3       Lemon = 2100,
4       Banana = 5700
5   }
6   fruits['Banana'] = nil
7
8   print(fruits['Banana'])
```

출력 결과

```
nil
```

2-3 연산자

루아 언어에서 사용하는 연산자에는 크게 산술 연산자, 관계 연산자, 논리 연산자가 있습니다. 이 세 가지 연산자를 이해하고 스크립트에 적용시키면 게임의 다양한 상황에 맞게 데이터를 변경할 수 있어 편리합니다. 지금부터 이 연산자에 대해 알아보고 스크립트에 적용해 보겠습니다.

산술 연산자

산술 연산자는 숫자 자료형 데이터를 연산할 수 있는 연산자입니다. 우리가 흔히 사칙연산이라고 부르는 덧셈, 뺄셈, 곱셈, 나눗셈과 제곱 등의 기본적인 숫자 계산을 할 수 있습니다. 산술 연산자를 사용하기 위해서는 두 개의 값이 필요합니다. 단순하게 숫자끼리의 연산도 가능하고, 변수를 이용해서도 연산할 수 있습니다.

산술 연산자의 종류와 의미

연산자	의미	예
+	연산자 양쪽의 두 값을 더한다.	$1+1=2$
−	연산자의 왼쪽 값에서 오른쪽 값을 뺀다.	$4-3=1$
*	연산자 양쪽의 두 값을 곱한다.	$2*4=8$
/	연산자의 왼쪽 값을 오른쪽 값으로 나눈다.	$15/3=5$
%	연산자의 왼쪽 값을 오른쪽 값으로 나눈 나머지를 구한다.	$13\%7=6$
^	연산자의 왼쪽 값을 오른쪽 값으로 지수승한다.	$2\wedge4=16$

```
1   --숫자와 숫자의 계산
2   print(5 * 2)
3
4   --변수와 숫자의 계산
5   local number = 6
6   number = number + 5
7   print(number)
8
9   --변수와 변수의 계산
10  local number1 = 6
11  local number2 = 7
12  print(number2 - number1)
```

출력 결과

10
11
1

관계 연산자

관계 연산자는 두 개의 값을 비교할 때 사용하는 연산자로, 결괏값이 참(true) 또는 거짓(false)인 부울 자료형 데이터로 반환됩니다. 이 연산자는 숫자뿐만 아니라 다른 자료형 데이터와도 비교할 수 있습니다. 이 연산자 역시 비교할 두 개의 값이 필요한데, 이 두 값이 같은 자료형 데이터일 경우에만 서로 비교할 수 있습니다.

관계 연산자의 종류와 의미

연산자	의미	예(결괏값: true)
〉	연산자의 왼쪽 값이 오른쪽 값보다 크다.	5〉3
〉=	연산자의 왼쪽 값이 오른쪽 값보다 크거나 같다.	5〉=3
〈	연산자의 왼쪽 값이 오른쪽 값보다 작다.	2〈6
〈=	연산자의 왼쪽 값이 오른쪽 값보다 작거나 같다.	2〈=6
==	두 값이 같다.	10==10
~=	두 값이 같지 않다.	1~=0

```lua
1    --숫자와 숫자의 비교
2    print(5 < 5)
3    print(5 <= 5)
4
5    --변수와 숫자의 비교
6    local number = 6
7    print(number ~= 7)
8
9    --변수와 변수의 비교
10   local number1 = 6
11   local number2 = 7
12   print(number2 == number1)
```

출력 결과

```
false
true
true
false
```

논리 연산자

논리 연산자는 부울 자료형 데이터끼리 연산할 수 있는 연산자입니다. 결괏값이 부울로 반환되는 두 가지의 조건을 한 번에 연산하는 데 사용하며, 결과는 참(true) 또는 거짓(false)으로 반환됩니다.

예를 들어 '예매하려는 영화가 오전 9시 이전에 상영되고, 2D 영화라면 조조할인을 받을 수 있다'라는 조건이 있다면, '오전 9시 이전 상영'과 '2D 영화'라는 두 가지 조건이 모두 성립되어야 합니다.

논리 연산자의 종류와 의미

연산자	의미	예(결괏값: true)
A and B	A와 B의 값이 둘 다 참(true)일 경우 true를 반환한다.	true and true
A or B	A와 B의 값이 둘 중 하나가 참(true)일 경우 true를 반환한다.	false and true
not A	A가 거짓(false)인 경우 true를 반환한다.	not false

논리 연산자 사용하기

```
1   --and 연산
2   print(true and false)
3   print(2 >= 2 and 3 ~= 2)
4
5   --or 연산
6   print(true or false)
7   print(2 == 3 or 3 < 5)
8
9   --not 연산
10  print(not true)
```

출력결과

false
true
true
true
false

여기서 잠깐 **닐과 논리 연산**

논리 연산의 결괏값이 항상 참(true)과 거짓(false)만 있는 것은 아닙니다. 닐(nil)을 논리 연산에 사용하면 결괏값으로 'true'와 'false'가 아닌 'true'와 'nil'이 출력됩니다.

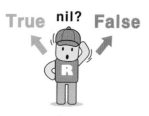

예) nil and true → 출력결과 nil
　　nil or true → 출력결과 true

조건이란 어떤 일이 실행되기 위해 갖추어야 하는 상태를 말합니다. 예를 들어 얼음을 얼리고 싶다면 0도 이하의 공간이 필요한데, 여기서 조건은 온도가 0도 이하라는 것입니다. 이와 같이 원하는 조건에서만 프로그램을 실행하고 싶을 때 조건문을 사용합니다. 지금까지 작성했던 코드는 모두 바로 실행되었지만, 조건문을 사용하면 특정한 조건을 만족시켜야만 실행되도록 조절할 수 있습니다. 이번 절에서는 조건문의 종류와 특징을 알아보고 다양한 조건문을 로블록스에 적용해 보겠습니다.

if 문

if 문은 조건문의 가장 기본적인 형태로, '만약 ~(이)라면'이라는 뜻을 가지고 있습니다. if 조건문의 구조는 다음과 같습니다.

if 조건 then 　　실행문 end	만약 조건의 결과가 true 그렇다면 　　실행문을 실행합니다 조건문을 종료합니다

if 문은 특정 조건을 만족해야 실행되는 코드입니다. 따라서 결괏값이 부울로 반환되는 모든 코드가 조건문이 될 수 있습니다. 조건문에는 관계 연산자나 논리 연산자가 포함된 식을 주로 사용합니다.

비교 연산자를 이용해 점수(score)가 80점 이상이면 다음 레벨로 이동시키는 알림 메시지를 출력해 보겠습니다.

스크립트　　**if 문 사용하기**

```
1  local score = 85
2  if score > 80 then
3      print("레벨 업! 다음 레벨로 이동합니다.")
4  end
```

출력 결과

레벨 업! 다음 레벨로 이동합니다.

if − else 문

if 문은 특정 조건을 만족했을 때, 즉 조건의 결과가 참(true)일 때는 코드가 실행되지만 조건의 결과가 거짓(false)일 때는 코드가 실행되지 않고 종료됩니다. 이때 코드를 종료시키지 않고 다른 프로그램을 실행하고 싶다면 어떻게 해야 할까요?

if − else 문을 사용하면 특정 조건을 만족하지 못했을 때, 즉 조건의 결과가 거짓(false) 혹은 닐(nil)일 때 다른 코드를 실행시킬 수 있습니다. else는 '또 다른'이라는 뜻을 가지고 있는데, 루아 언어에서는 if 문의 조건이 아닌 다른 모든 조건을 처리하기 위해 사용합니다. 그렇기 때문에 else 뒤에는 조건을 작성하지 않고 예약어 then도 사용하지 않습니다.

if *조건* then	만약 *조건의 결과가 true* 그렇다면
실행문1	실행문1을 실행합니다
else	아니라면
실행문2	실행문2을 실행합니다
end	조건문을 종료합니다

앞에서 작성했던 코드에 else를 추가해 봅시다. 80점을 달성하지 못했을 때 다시 도전하라는 알림 메시지를 출력하려면 다음과 같이 작성합니다.

스크립트   **if − else 문 사용하기**

```
1  local score = 70
2  if score > 80 then
3      print("레벨 업! 다음 레벨로 이동합니다.")
4  else
5      print("점수가 부족해요. 다시 도전해 보세요!")
6  end
```

출력 결과

점수가 부족해요. 다시 도전해 보세요!

if − elseif − else 문

if-else 문은 두 가지 조건을 비교하는 구문입니다. 하지만 게임을 제작할 때는 세 가지 이상의 조건을 비교하는 경우도 많습니다. 이때 if − elseif − else 문을 사용합니다. elseif는 if 문의 조건을 만족하지 않을 때 또 다른 조건을 비교해 주는 코드이므로 if 문 다음에 위치하며, elseif만 단독으로 사용할 수 없습니다.

```
if 조건1 then              만약 조건1의 결과가 true 그렇다면
    실행문1                      실행문1을 실행합니다
elseif 조건2 then          아니라면 조건2의 결과가 true 그렇다면
    실행문2                      실행문2를 실행합니다
end                       조건문을 종료합니다
```

앞에서 작성했던 코드에 elseif를 추가해 봅시다. 점수가 0점 이하가 되면 처음부터 다시 시작한다는 알림 메시지를 출력하려면 다음과 같이 작성합니다.

스크립트 if – elseif – else 문 사용하기

```
1   local score = -30
2   if score > 80 then
3       print("레벨 업! 다음 레벨로 이동합니다.")
4   elseif score > 0 then
5       print("점수가 부족해요. 다시 도전해 보세요!")
6   else
7       print("점수가 0점 이하입니다. 처음부터 다시 시작합니다.")
8   end
```

출력 결과

점수가 0점 이하입니다. 처음부터 다시 시작합니다.

여기서 잠깐 if – if 문과 if – elseif 문의 차이

if – if 문으로도 3개 이상의 조건을 비교하는 코드를 작성할 수 있습니다. if – if 문의 경우, 앞선 조건의 결과와 상관없이 뒤의 조건을 판별하기 때문에 모든 조건문을 검사한 후 실행문을 실행합니다. 앞에서 작성했던 코드에서 if – elseif 문 대신 if – if 문을 사용했을 때를 생각해 봅시다.

만약 점수(score)가 85점이라면, 'score > 80'인 if 문의 조건도 참(true)이고, 'score > 0'인 if 문의 조건도 참(true)이므로 다음과 같이 모든 조건문의 검사 결과가 출력됩니다.

레벨 업! 다음 레벨로 이동합니다.
점수가 부족해요. 다시 도전해 보세요!

하지만 if – elseif 문의 경우, 앞선 if 문의 조건이 참(true)이면 elseif 문의 조건은 실행하지 않습니다. 또한 else 문에 따로 조건이 명시되어 있지 않아도 if 문의 조건을 제외한 조건을 판별합니다.

실습 조건문으로 캐릭터 얼굴색 바꾸기

로블록스 스튜디오에서 조건문을 직접 실습해 봅시다. 캐릭터의 얼굴색이 캐릭터가 밟고 있는 블록의 색상과 똑같이 바뀌는 프로젝트를 제작해 보겠습니다.

01 로블록스 스튜디오를 실행하고 [새로 만들기]의 [모든 템플릿] 탭에서 'Baseplate' 템플릿을 클릭해 엽니다. 그리고 캐릭터가 밟고 있는 블록의 색상 구분이 쉽도록 Baseplate의 크기를 줄여 보겠습니다. [탐색기] 창에서 [Workspace] – [Baseplate]를 선택한 후 [속성] 창의 [Transform]에서 [Size]를 '50, 16, 50'으로 변경합니다.

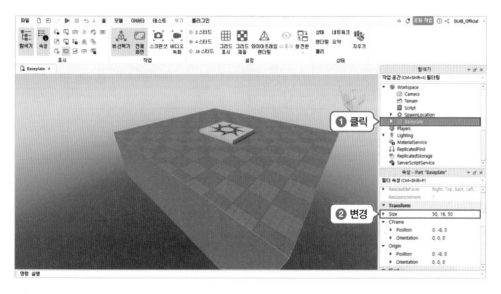

02 뷰포트에서 스폰포인트를 클릭해 삭제한 후 2개의 블록 파트를 생성하겠습니다. [홈] 탭에서 [파트]의 드롭다운 버튼을 클릭하여 [블록]을 선택해 파트를 생성합니다. [탐색기] 창에서 각 파트의 이름을 'Part1', 'Part2'로 변경합니다.

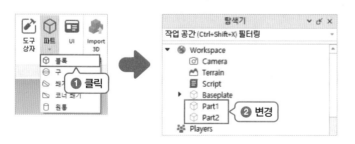

03 이제 두 파트의 색상을 서로 다르게 바꿔 보겠습니다. 'Part1'의 [속성] 창에서 [Appearance] – [Color]를 '255, 89, 89', [Transform] – [Size]를 '25, 1, 50', [Origin] – [Position] 을 '12.5, 0.5, 0'으로 변경합니다. 'Part2'도 마찬가지로 [Appearance] – [Color]를 '148, 190, 129', [Transform] – [Size]를 '25, 1, 50', [Position]을 '–12.5, 0.5, 0'으로 변경합 니다. 완성된 파트를 위에서 바라본 모습은 다음과 같습니다.

여기서 잠깐 **CFrame과 Origin의 차이**

[속성] 창의 [Transform]에 있는 [CFrame]은 오브젝트의 절대적인 위치, [Origin]은 원점(0,0,0)을 기준 으로 상대적인 위치를 나타내는 속성입니다. 일반적으로 [CFrame]의 [Position]을 변경하면 [Origin]의 [Position]이 함께 변경되며, 그 반대의 경우도 마찬가지로 변경됩니다.

04 [탐색기] 창에서 플레이어의 속성을 설정하는 [StarterPlayer]의 [StarterCharacterScripts]에 마우스 커서를 올렸을 때 나타나는 ⊕ 아이콘을 클릭합니다. 드롭다운 목록 중 [Script]를 선택해 추가하고, 이름을 'Color'로 변경합니다.

NOTE LocalScript를 사용해 플레이어 개개인의 캐릭터에 적용할 수 있는 스크립트를 작성할 수 있습니다. 플레이어의 위치에 따라 스크립트가 다르게 동작하도록 설정하기 위함입니다.

05 캐릭터가 밟는 블록의 색상에 따라 캐릭터의 얼굴색이 바뀔 수 있도록, 조건이 바뀔 때마다 반복 작업을 수행하는 while 문을 활용하겠습니다. [탐색기] 창에서 [StarterPlayer] – [Color]를 더블 클릭하여 스크립트 창을 띄운 후 다음과 같이 작성합니다.

스크립트	조건문을 사용해 캐릭터 얼굴색 바꾸기	Color

```
1   local player = script.Parent
2   local part1 = game.Workspace.Part1
3   local part2 = game.Workspace.Part2
4
5   while wait(0.01) do
6       if player.Head.Position.X >= 0 then
7           player.Head.Color = part1.Color
8       else
9           player.Head.Color = part2.Color
10      end
11  end
```

코드 설명

1: player 변수에 스크립트의 부모(Parent) 객체를 대입합니다. 여기서 부모 객체는 캐릭터입니다.

2: part1 변수에 [Workspace]에 있는 Part1 객체를 대입합니다.

3: part2 변수에 [Workspace]에 있는 Part2 객체를 대입합니다.

5: while 반복문과 wait() 함수를 사용해 0.01초에 한 번씩 반복하는 코드를 만듭니다.

NOTE wait() 함수는 괄호 안에 입력한 초만큼 코드의 실행을 대기하는 시간을 설정할 수 있습니다. while 문과 wait() 함수는 103쪽 2-5절에서 자세하게 설명하겠습니다.

6: if 문을 사용해 플레이어의 X축 좌표가 0과 같거나 클 경우에 실행하는 코드를 만듭니다.

> **NOTE** [속성] 창에서 'Part1'과 'Part2'의 [Position]을 보면, Y축과 Z축의 좌표는 같지만 X축의 좌표가 '12.5'와 '−12.5'로 다른 것을 확인할 수 있습니다.

7: 캐릭터의 Head(머리) 색상을 'Part1'과 같은 색상으로 변경합니다.

8: else 문을 사용해 플레이어의 X축 좌표가 0보다 작을 때 실행하는 코드를 만듭니다.

9: 캐릭터의 Head(머리) 색상을 'Part2'와 같은 색상으로 변경합니다.

10: if 조건문을 종료합니다.

11: while 반복문을 종료합니다.

여기서 잠깐 **스크립트로 속성 바꾸기**

부모 객체, 색상, 크기, 위치와 같은 오브젝트의 세부 속성은 [속성] 창에서 확인할 수 있습니다. 속성 값을 변경하려면 [속성] 창에서 직접 변경하거나 스크립트로 접근해 변경하는 방법이 있습니다.

스크립트로 속성을 변경하기 위해서는 먼저 변경할 오브젝트를 찾고 그 뒤에 마침표(.)를 붙여 원하는 속성명을 입력해 접근합니다. 앞서 작성한 스크립트의 7번 행에서 이 방법으로 캐릭터의 머리 색상에 접근해 'Part1'과 같은 색상으로 변경하였습니다.

player.Head.Color = part1.Color

06 로블록스 스튜디오의 상단 메뉴 바에 있는 [테스트] 탭에서 [플레이] 버튼을 클릭해 테스트해 봅시다. 캐릭터의 위치에 따라 바닥의 색깔과 동일한 색으로 캐릭터의 얼굴색이 바뀌는 것을 확인할 수 있습니다.

2-5 반복문

게임에서는 반복되어야 하는 동작이 아주 많습니다. 예를 들어 일정한 시간마다 장애물이 생성되거나 타이머의 시간이 초 단위로 계속 줄어들어야 하는 경우, 아이템이 여러 번 다시 생성되어야 하는 경우입니다. 동작을 반복하기 위해 스크립트에 같은 코드를 여러 번 넣어서 게임을 제작하면 시간도 오래 걸리고 코드도 길어져 매우 비효율적입니다. 이때 필요한 것이 반복문입니다. 반복문의 종류와 특징을 알아보고, 로블록스에 다양한 반복문을 적용해 봅시다.

while 문

while 문은 반복문의 한 종류로, 특정 조건을 만족하면 반복을 실행하기 때문에 주로 if 문과 같이 사용합니다. 조건이 참이면 반복하고, 거짓이면 반복을 종료합니다. if 문의 경우 조건을 만족하는 실행문을 한 번만 실행하지만, while 문은 횟수에 상관없이 계속해서 반복합니다. 따라서 while 문의 반복을 멈추기 위해서는 조건의 결과가 거짓이 되어야 합니다.

`while 조건 do`
    `실행문`
`end`
	만약 조건의 결과가 참이면 반복합니다
	실행문1을 실행합니다
	반복문을 종료합니다

while 문의 조건으로는 주로 변수의 값을 비교하는 코드를 많이 사용합니다. 반복문이 실행될 때마다 변수의 값을 연산해 변화시키다가, 특정한 값이 되면 반복문의 조건이 거짓이 되어 종료하는 방식입니다. 조건에 따라 반복문의 실행 횟수를 결정할 수도 있습니다.

예를 들어 다음 스크립트와 같이 count 변수에 1을 대입한 후, 실행될 때마다 1씩 더하는 반복문을 작성해 보겠습니다.

```
1    local count = 1
2    while count <= 5 do
3        print(count)
4        count = count + 1
5    end
6
7    print("반복문이 종료되었습니다.")
```

출력 결과

```
1
2
3
4
5
반복문이 종료되었습니다.
```

무한 반복문

while 문은 계속해서 실행을 반복하지만 조건의 결과가 거짓이 되면 바로 종료됩니다. 장애물이 계속해서 생성되는 경우처럼 반복문을 멈추지 않고 무한하게 반복하려면 어떻게 해야 할까요? 바로 반복문의 조건에 부울 자료형인 'true'를 입력하면 됩니다. 이렇게 하면 조건의 결과가 계속해서 참이기 때문에 강제로 종료하지 않는 한 계속해서 실행문을 반복합니다. 이러한 반복문을 무한 반복문(Infinite loop)이라고 합니다.

```
while true do              만약  무한히  반복합니다
    실행문                    실행문을  실행합니다
end                        반복문을  종료합니다
```

무한 반복문을 중단시키려면 게임을 종료하거나 break 문을 사용합니다. break 문은 주로 if 문과 함께 사용하며 특정한 조건에서 반복문을 종료시킬 수 있습니다.

```
1    local score = 0
2    while true do
3        score = score + 1
4        if score > 1000 then
5            break          --score변수가 1000보다 큰 경우 코드를 종료합니다.
6        end
7    end
```

wait() 함수와 while 문

로블록스에서 스크립트는 아주 빠른 속도로 실행됩니다. 반복문 또한 실행되는 순간이 빠르게 반복되기 때문에 컴퓨터에 과부하가 걸리거나, 게임이 제대로 진행되지 않는 경우가 생길 수 있습니다. 이럴 때는 반복하는 속도를 조절하기 위해 wait() 함수를 함께 사용합니다. 무한 반복문의 조건에 true가 아닌 wait() 함수를 넣고 대기 시간을 설정하면 원하는 시간마다 한 번씩 실행문을 반복하도록 조절할 수 있습니다.

예를 들어 플레이어의 체력(hp)이 3초마다 10씩 회복되도록 설정하는 반복문을 작성해 보겠습니다.

스크립트 **wait() 함수와 while 문 사용하기**

```
1    local hp = 0
2    while wait(3) do
3        hp = hp + 10
4    end
```

for 문

for 문은 반복하고자 하는 횟수만큼 반복을 실행하는 반복문입니다. 루아 언어에서는 반복할 횟수를 숫자로 정한 후 반복하는 방법과 테이블을 이용해 반복하는 방법, 두 가지로 for 문을 작성할 수 있습니다.

반복할 횟수를 정해 두는 for 문은 변수와 시작값, 종룟값, 증갓값이 필요합니다. 처음 반복문이 실행될 때 변수에 시작값이 대입되고, 반복문이 실행될 때마다 변수에 증갓값만큼 더해 줍니다. 이 변수의 값이 종룟값보다 같거나 커지면 반복문이 종료됩니다. 시작값과 종룟값은 필수로 입력해야 하지만, 증갓값이 1인 경우에는 생략할 수 있습니다.

for 변수 = 시작값, 종룟값, 증갓값 do 　　실행문 end	변수의 시작값에 증갓값만큼 더하면서 종룟값이 될 때까지 반복합니다 　　실행문을 실행합니다 반복문을 종료합니다

while 문은 조건과 변수의 값을 증감하는 연산으로 반복 실행하지만, for 문은 조건과 증감 연산 없이 반복할 수 있습니다. 또한 for 문이 실행될 때마다 값이 증가하는 변수를 활용해, 파트를 반복적으로 복제하거나 타이머를 증가시키는 코드도 작성할 수 있습니다.

변수 i에 1부터 5까지를 대입해 1씩 더하면서 반복하는 for 문을 작성해 보겠습니다.

스크립트　　**for 문 사용하기**

```
1  for i = 1, 5, 1 do
2      print(i)
3  end
```

출력 결과

1

2

3

4

5

이렇게 숫자를 이용하여 for 문의 시작값, 종룟값, 증갓값을 조절하면 원하는 숫자의 배수 혹은 짝수나 홀수도 출력할 수 있습니다. 다음과 값이 시작값을 10, 종룟값을 20, 증갓값을 2로 지정하면 변수 i가 10에서 20이 될 때까지 2씩 증가하는 짝수를 출력합니다.

```
1    for i = 10, 20, 2 do
2        print(i)
3    end
```

출력 결과

```
10
12
14
16
18
20
```

NOTE 이 코드에서 시작값을 11로 변경하면 10~20 사이의 홀수를 출력할 수 있습니다.

테이블과 for 문

for 문의 조건에 테이블을 이용하면 테이블의 길이만큼 실행하는 반복문이 됩니다. 이때는 ipairs() 함수 또는 pairs() 함수가 필요합니다. pairs는 '한 쌍'이라는 뜻으로, 테이블의 인덱스(index) 또는 키(key)와 값(Value)을 한 쌍으로 실행문을 반복합니다.

따라서 숫자형 변수를 이용할 때와는 다르게, 인덱스나 키를 대입할 변수와 값을 대입받을 두 개의 변수가 필요합니다. 그리고 반복할 테이블을 입력하면 테이블의 길이만큼 실행되는 반복문을 만들 수 있습니다.

```
for 변수1, 변수2 in pairs (테이블명) do      테이블의 길이만큼 반복합니다
    실행문                                    실행문을 실행합니다
end                                          반복문을 종료합니다
```

그렇다면 ipairs() 함수와 pairs() 함수의 차이는 무엇일까요? 바로 인덱스의 유무입니다. 정수형 인덱스가 있는 테이블 배열에서는 ipairs() 함수를 사용하여 인덱스와 데이터를 한 쌍으로 실행시킬 수 있습니다. 하지만 인덱스 없이 키와 값의 형태를 가지는 테이블 딕셔너리에서는 ipairs()로 코드가 실행되지 않습니다. 이때는 pairs() 함수를 이용해야 합니다.

예를 들어 테이블 배열 형태인 'rainbow' 테이블의 데이터를 모두 출력하는 반복문은 다음과 같습니다. 이렇게 테이블과 ipairs() 함수를 이용하면 각 변수마다 for 문을 만들어 값을 입력하지 않아도, 두 개의 변수와 테이블만으로 모든 데이터를 한 번씩 출력하는 코드를 작성할 수 있습니다.

스크립트　　**ipairs() 함수를 이용하여 for 문 사용하기**

```
1  local rainbow = {'빨강', '주황', '노랑', '초록', '파랑', '보라'}
2  for index, value in ipairs(rainbow) do
3      print(index, value)
4  end
```

출력 결과

```
1 빨강
2 주황
3 노랑
4 초록
5 파랑
6 보라
```

테이블 딕셔너리 형태의 데이터를 모두 출력하는 반복문은 다음과 같습니다. 이번에는 pairs() 함수를 이용합니다.

스크립트　　**pairs() 함수를 이용하여 for 문 사용하기**

```
1  local player = {name = '디콘', level = 30, hp = 75}
2  for key, value in pairs(player) do
3      print(key, value)
4  end
```

출력 결과

```
name 디콘
level 30
hp 75
```

> **NOTE** 테이블 딕셔너리 데이터에는 순서가 없으므로 무작위로 출력됩니다. 따라서 출력된 데이터의 순서가 위 출력 결과와 다를 수 있습니다.

실습 **반복문으로 레이저 장애물 만들기**

앞에서 배운 while 문과 for 문을 사용해 바닥을 무한히 굴러다니며 캐릭터를 방해하는 레이저 막대 장애물을 만들어 봅시다. 이 실습 방법으로는 꼭 레이저가 아니라 다른 장애물을 만들 때도 활용할 수 있습니다.

01 로블록스 스튜디오의 [새로 만들기] – [모든 템플릿] 탭에서 'Baseplate' 템플릿을 클릭해 엽니다. 그리고 [탐색기] 창에서 [Workspace]에 원통 파트 1개를 생성하고, 파트의 이름을 'Part1'으로 변경합니다.

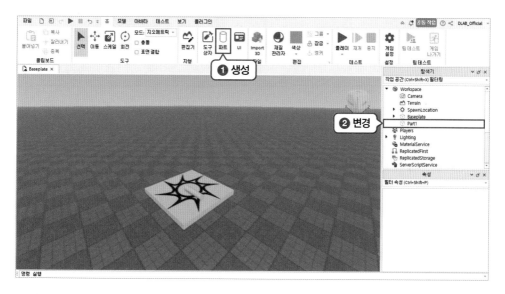

02 [탐색기] 창에서 'Part1'을 선택하고 [홈] 탭에 있는 [앵커]를 클릭해 고정합니다.

NOTE 원통 파트를 앵커로 고정하지 않으면 가속도의 영향을 받아 가만히 있어도 이리저리 움직이게 됩니다.

03 [속성] 창에서 'Part1'의 [Appearance] – [BrickColor]를 'Really Red', [Material]을 'Neon'으로 바꾸고, [Transform] – [Size]를 '25, 1, 1'로 변경하면 마치 빨간 불빛을 길게 쏘는 레이저 느낌을 낼 수 있습니다. 또한 장애물이 플레이어의 움직임을 방해해야 하기 때문에 [Collision] – [CanCollide]에 체크합니다.

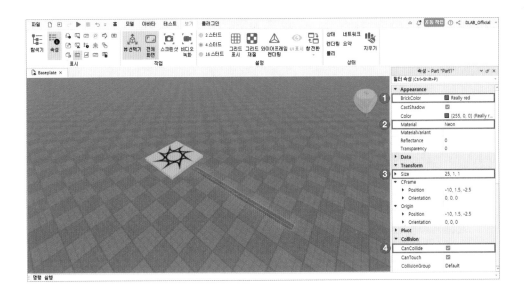

04 레이저 장애물이 끝없이 바닥을 굴러다니는 반복문을 작성하기 위해 [탐색기] 창의 [Workspace]에 [Part1]의 자식 객체로 [Script]를 생성합니다.

05 [Script]를 더블 클릭하여 스크립트 창을 띄운 후 0.01초마다 위치를 바꾸는 코드를 작성합니다.

스크립트	반복문을 사용해 레이저 장애물 만들기	Script

```
1   local part = script.Parent
2
3   while true do
4       for i=1,50 do
5           part.Position = part.Position - Vector3.new(0,0,1)
6           wait(0.01)
7       end
8       for i=1,50 do
9           part.Position = part.Position + Vector3.new(0,0,1)
10          wait(0.01)
11      end
12  end
```

코드 설명

1: part 변수에 스크립트의 부모 객체 파트를 대입합니다.

3: while 문의 조건을 참(true)으로 설정해 실행문을 무한하게 반복합니다.

4: for 문을 사용해 변수 i 값이 1부터 50까지 차례대로 반복되도록 실행합니다.

5: 장애물 파트(Part1)의 현재 위치(Position)에서 Z 좌표(Vector3)를 1씩 줄입니다. 이렇게 하면 반복문이 실행될 때마다 Z 좌표가 이동하는 것처럼 보입니다.

> **NOTE** Z 좌표의 이동 거리를 1보다 크게 설정하면 실행문을 반복할 때 장애물 파트의 이동 거리는 늘어나지만 부자연스러워 보일 수 있습니다.

6: 코드의 실행이 0.01초마다 멈추도록 설정합니다.

7: for 문의 실행이 완료되면 종료합니다.

8: 장애물이 반대 방향으로도 굴러다닐 수 있도록 for 문을 사용합니다. 변수 i 값이 1부터 50까지 차례대로 반복되도록 실행합니다.

9: 이번에는 장애물 파트(Part1)의 현재 위치(Position)에서 Z 좌표(Vector3)를 1씩 늘려 반복문이 실행될 때마다 Z 좌표가 이동하는 것처럼 작성합니다.

10: 코드의 실행이 0.01초마다 멈추도록 설정합니다.

11: for 문의 실행이 완료되면 종료합니다.

12: 반복문을 종료합니다.

여기서 잠깐 **Vector3 알아보기**

로블록스는 3차원의 공간, 즉 X축, Y축, Z축으로 이루어져 있습니다. 따라서 각 개체의 속성은 이 세 개의 축을 이용해 위치, 회전, 크기의 값을 조절합니다. Vector3은 그 중에서도 위치의 값을 조정하는 형식입니다. Vector3.new() 함수를 사용해 새로운 벡터값을 만들어 바로 대입할 수도 있고, 기존의 위치 값에 더하거나 빼는 연산으로 위치를 이동시킬 수도 있습니다.

06 [테스트] 탭에서 [플레이]를 눌러 테스트해 봅시다. 바닥에 있는 레이저 장애물이 굴러다니면서 계속해서 캐릭터를 방해하는 모습을 확인할 수 있습니다.

2-6 함수

함수(function)는 어떤 특별한 목적의 작업을 하기 위해 만든 하나의 코드 모음입니다. 즉, 우리가 자주 사용하는 코드에 이름을 붙인 다음 언제든지 편하게 불러와 사용할 수 있도록 만든 것이죠. 함수를 사용하면 똑같은 코드를 반복해서 작성하지 않아도 필요한 함수를 불러오기만 하면 간단하게 적용할 수 있고, 코드를 수정하기에도 편리합니다. 지금부터 이 함수에 대해 자세히 알아보겠습니다.

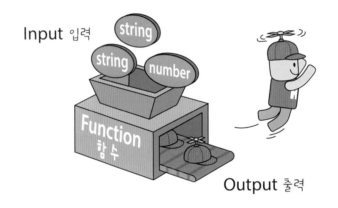

내장 함수

지금까지 우리가 가장 많이 사용한 함수는 무엇일까요? 바로 print() 함수입니다. 함수에는 print() 함수처럼 루아 언어에서 기본으로 제공하는 내장 함수가 있고, 사용자가 직접 만들어서 사용하는 사용자 정의 함수가 있습니다. 우리가 앞에서 사용한 내장 함수로는 데이터의 자료형을 반환하는 type() 함수, 테이블에서 원하는 값을 추가하는 insert() 함수 등이 있습니다. 이번에는 로블록스에서 게임을 제작할 때 많이 사용하는 내장 함수 중 랜덤 함수에 대해 살펴보겠습니다.

랜덤 함수

랜덤 함수는 숫자를 무작위로 설정하는 함수로, 주사위 던지기나 랜덤 뽑기 등의 장치를 만들어 게임에 활용할 수 있습니다. 랜덤 함수는 math.random() 함수의 괄호 안에 숫자의 시작값과 종룟값을 입력하여 사용하는데, 이때 시작하는 값이 1이라면 시작값을 생략하고 종룟값만 입력하여 사용할 수 있습니다. 만약 범위를 지정하지 않은 경우에는 0과 1 사이의 실수가 무작위로 반환됩니다.

math.random() 함수 사용하기

```
1    --기본 랜덤 함수(범위: 0~1)
2    print(math.random())
3
4    --시작값을 생략한 랜덤 함수(범위: 1~10)
5    print(math.random(10))
6
7    --시작값과 종룻값을 입력한 랜덤 함수(범위: 10~50)
8    print(math.random(10, 50))
```

출력 결과

```
0.27150911670401884
2
48
```

> **NOTE** 랜덤 함수는 무작위로 숫자를 반환하므로 실제 출력 결과가 위와 다를 수 있습니다.

사용자 정의 함수

만약 내장 함수 중에 내가 필요로 하는 기능의 함수가 없다면 직접 함수를 만들어서 사용할 수 있습니다. 이런 함수를 사용자 정의 함수라고 합니다. 사용자 정의 함수는 횟수의 제한 없이 사용할 수 있고, 스크립트 작성 중에도 수정하거나 삭제, 추가할 수 있습니다.

사용자 정의 함수는 함수의 이름과 실행될 기능을 작성해 만듭니다. 함수의 이름은 변수처럼 함수의 기능과 의미를 잘 담은 이름으로 작성해야 편리합니다.

```
local function 함수 이름()        사용자 정의 함수를 선언합니다
    실행문                          실행문을 실행합니다
end                              반복문을 종료합니다
```

> **NOTE** 사용자 정의 함수의 이름은 주로 대문자로 시작하도록 만들어 변수의 이름과 구분하는 경우가 많습니다.

게임에 접속한 플레이어에게 환영 인사를 출력하는 사용자 정의 함수인 welcome( ) 함수를 만들고, 그 함수를 호출해 보겠습니다.

스크립트 — 사용자 정의 함수 만들기

```
1    local function welcome() --welcome() 함수 생성
2        print("welcome Roblox")
3    end
4
5    welcome() --welcome() 함수 사용
```

출력 결과

```
welcome Roblox
```

매개변수

매개변수(Parameter)는 변수의 한 종류로, 함수의 괄호 안에 들어가는 내용이라고 생각하면 됩니다. 이 변수는 함수에 필요한 데이터를 전달하기 위해 매개변수의 값에 따라 함수의 실행 결과가 달라져야 하는 경우에 사용합니다. 예를 들어 게임에 플레이어가 입장하면 'OO님 만나서 반갑습니다.'라는 문장을 출력하는 함수가 있다고 합시다. 'OO'에 들어갈 플레이어의 이름을 매개변수로 설정하면 하나의 함수에 매개변수를 활용해 얼마든지 다른 실행 결과를 출력할 수 있습니다.

매개변수는 함수 안에서만 사용되고, 함수 바깥에서는 사용할 수 없는 지역 변수입니다. 따라서 매개변수가 없어도 함수는 실행되지만, 전달받아야 하는 값이 있을 경우에는 매개변수가 반드시 필요합니다. 매개변수는 필요한 개수만큼 사용할 수 있고, 함수에 전달되는 데이터는 매개변수의 수와 동일해야 합니다.

함수의 괄호 안에 입력해 함수로 전달해 주는 값을 인자(Argument)라고 합니다. 매개변수는 전달된 인자를 저장하는 변수라고 생각하면 됩니다. 앞에서 만든 welcome( ) 함수에 매개변수를 넣어 플레이어의 이름이 들어간 환영 인사 스크립트를 작성해 보겠습니다.

매개변수를 활용하여 사용자 정의 함수 만들기

```lua
1  function welcome(name)
2      print(name .. " Welcome Roblox")
3  end
4
5  welcome("dlab")
6  welcome("Judy")
```

출력 결과

```
dlab welcome Roblox
Judy welcome Roblox
```

NOTE 위 스크립트의 welcome() 함수에서 매개변수는 'name', 인자는 'dlab'과 'Judy'입니다.

매개변수와 인자의 개수가 같지 않으면 스크립트에 오류가 발생합니다. 그러나 매개변수의 개수가 정해지지 않은 상태에서 상황에 따라 달라지는 프로그램을 만들어야 할 때가 있습니다.

예를 들어 사람들이 좋아하는 색상을 입력하는 함수를 만들어 보겠습니다. 만약 첫 번째 응답자가 1개의 색상을 입력하고, 두 번째 응답자가 3개의 색상을 입력한다면 입력하는 인자의 개수가 같지 않아 스크립트에 오류가 발생합니다. 이럴 때는 가변인자(...)를 사용하여 쉽게 해결할 수 있습니다. 가변인자를 넣어 함수를 호출하면 내가 원하는 개수의 인자만큼 출력됩니다.

스크립트 **가변인자(...)를 활용하여 사용자 정의 함수 만들기**

```lua
1  function color(...)
2      print("좋아하는 색상: ", ...)
3  end
4
5  color("pink", "red", "purple")
6  color("black")
```

출력 결과

```
좋아하는 색상: pink red purple
좋아하는 색상: black
```

반환값

함수는 반환값(return)이 있는 함수와 없는 함수로도 나눌 수 있습니다. 반환값이 있는 함수는 함수가 종료되면 함수 안에서 지정한 특정한 값을 반환합니다. 반환값이 없는 함수는 따로 반환될 값을 지정하지 않았기 때문에 함수가 종료되고 난 후에 닐 값이 저장됩니다.

112쪽에서 작성한 '사용자 정의 함수 만들기' 스크립트에서는 환영 인사를 출력하고 코드가 종료되며, 그 후에 저장되거나 남아있는 값이 없습니다. 함수가 종료된 후에 계산된 값을 저장하려면 로블록스의 예약어, return을 사용해 원하는 값을 반환하고 코드를 종료해야 합니다.

여기서 잠깐   **return의 2가지 기능**

return은 함수에서 값을 반환하는 역할을 하는 동시에, 함수를 종료하는 역할을 하기도 합니다. return을 사용하고 그 밑에 코드를 작성하면 오류가 발생하기 때문에 함수를 모두 작성한 다음, 가장 마지막에 return을 사용해야 합니다.

스크립트   **반환값 return 사용하기**

```
1   local function cul1(num1, num2)
2       local result
3       result= num1 + num2
4       return result  --계산 결과를 반환값으로 사용합니다.
5   end
6
7   local function cul2(num1, num2)
8       local result
9       result= num1 + num2
10  end
11
12  result1 = cul1(5, 10) --함수를 호출하면 그 함수의 반환값이 대입됩니다.
13  result2 =cul2(5, 10)  --함수를 호출하면 반환값이 없기 때문에 nil이 대입됩니다.
14  print(result1, result2)
```

출력 결과

15 nil

로블록스 API 함수

로블록스 스튜디오에서는 로블록스 API 함수를 사용할 수 있습니다. API(Application Programming Interface)는 로블록스 게임에 필요한 기능을 제공하는 함수의 모음입니다. 로블록스 API 함수와 루아 함수를 함께 사용하면 다양한 기능을 가진 게임 스크립트를 보다 쉽게 개발할 수 있습니다.

로블록스 API 함수는 로블록스 홈페이지의 상단 메뉴에 있는 [만들기]를 클릭하면 이동하는 크리에이터 페이지에서 찾을 수 있습니다. [설명서(Documentation)] 메뉴를 선택하면 나타나는 드롭다운 목록의 [Engine] – [REFERENCE] 내용을 참고해 보세요.

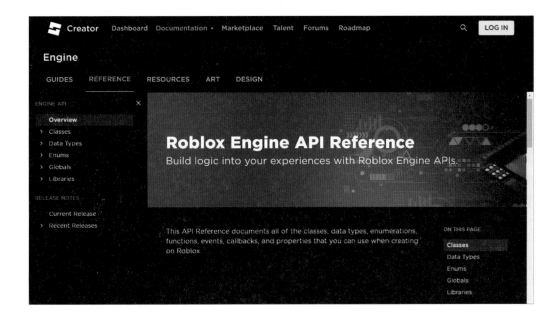

2-7 이벤트

이벤트란 게임 안에서 일어나는 모든 움직임에 관한 신호를 뜻합니다. 예를 들면 마우스를 클릭하거나 키보드를 누르는 것도 이벤트이고, 플레이어가 장애물에 부딪히거나 바닥으로 떨어지는 것도 이벤트입니다. 장애물에 닿아 게임이 종료되거나 아이템을 터치해 획득하려면 이벤트를 감지해야만 이뤄질 수 있습니다. 이때 필요한 것이 이벤트 트리거입니다.

이벤트 트리거

이벤트 트리거(Event Trigger)란 어떤 이벤트가 발생한 것을 감지했을 때 원하는 기능을 실행시키도록 신호를 보내는 것입니다. 이벤트 트리거는 파트와 파트가 충돌했을 때, 새로운 플레이어가 접속했을 때, 버튼을 눌렀을 때와 같은 상황에서 발생하며, 스크립트에서 번개 모양(𝄇)으로 표시됩니다. 다양한 이벤트 트리거 중 게임을 제작할 때 가장 많이 사용되는 Touched 이벤트를 함수와 연결하여 살펴보겠습니다.

Touched 이벤트

Touched 이벤트는 오브젝트가 다른 객체와 충돌했을 때 발생하는 이벤트입니다. 이 이벤트를 활용하면 각종 버튼이나 지뢰, 닿으면 색이 변하는 바닥 등 게임에 들어가는 수많은 기능을 만들 수 있습니다. 특히 이벤트와 wait() 함수를 함께 사용하면 이벤트가 발생할 때까지 대기하고 있다가 실행하는 스크립트도 만들 수 있습니다. 어느 오브젝트와 충돌했는지에 대한 정보도 반환해 주기 때문에 이벤트를 변수에 저장해 사용하기도 합니다.

실습 충돌 부위에 Touched 이벤트 메시지 출력하기

생성한 파트가 다른 객체와 충돌하면 'Touched Event'라는 메시지와 함께 어떤 오브젝트와 충돌했는지 자동으로 출력되는 스크립트를 작성해 봅시다.

01 로블록스 스튜디오를 실행하고 [새로 만들기]의 [모든 템플릿] 탭에서 'Baseplate' 템플릿을 클릭해 엽니다. 캐릭터가 충돌하게 될 블록 파트 하나를 생성한 후 [속성] 창에서 [Transform] – [Size]를 '4, 1, 4', [CFrame] – [Position]을 '−14.5, 0.5, −3'으로 변경해 공중에 떠 있는 상태로 만듭니다. 블록이 바닥으로 떨어지지 않도록 [홈] 탭에 있는 [앵커]를 클릭해 고정합니다.

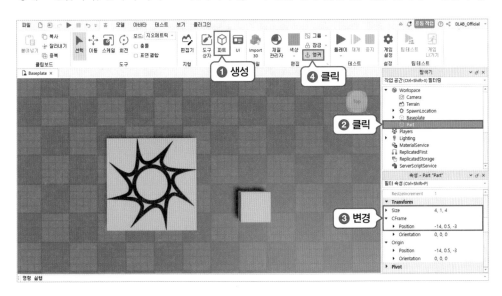

NOTE 공중에 떠 있는 파트를 앵커로 고정하지 않으면 게임을 플레이했을 때 바닥으로 떨어집니다.

02 [탐색기] 창의 [Workspace]에 [Script]를 생성하고, 이름을 'Touched_Script'로 변경합니다.

03 [Touched_Script]를 더블 클릭하여 스크립트 창을 띄운 후 다음과 같이 작성합니다.

스크립트	충돌 부위에 Touched 이벤트 메시지 출력하기	Touched_Script

```
1  local part = game.Workspace.Part
2  local touched = part.Touched:wait()
3  print("Touched Event")
4  print("Part was touched by: " .. touched.Name)
```

1: part 변수에 [Workspace]에 생성한 Part를 대입합니다.

2: 파트에 다른 객체가 충돌할 때까지 대기하다가 이벤트가 발생하면 touched 변수에 충돌한 객체를 대입합니다.

3: 캐릭터가 자기 자신이 아닌 다른 오브젝트와 충돌하면 'Touched Event' 문자열을 출력합니다.

4: .. 연산자를 이용해 'Part was touched by:' 문자열과 충돌한 오브젝트의 이름을 연결하여 출력합니다.

> **NOTE** 루아 언어에서는 'part.Touched: wait()'과 같이 세미콜론(:)을 이용해 함수를 사용합니다.

출력 결과

```
Touched Event
Part was touched by: LeftFoot
```

04 [테스트] 탭에서 [플레이]를 클릭해 테스트해 봅시다. 뷰포트에서 캐릭터를 이동시켜 파트와 충돌하면 [출력] 창에 결과가 출력됩니다. 캐릭터가 파트와 부딪힌 부위에 따라 다른 메시지가 출력되는 것을 확인할 수 있습니다.

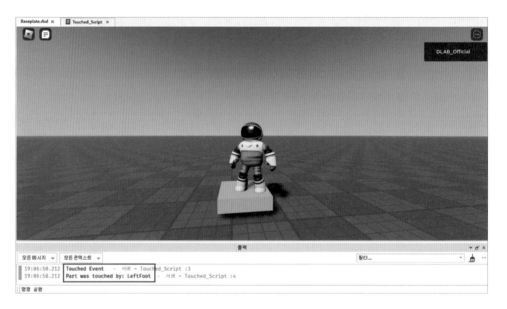

이벤트와 함수의 연결

Connect( ) 함수는 이벤트가 발생할 때마다 실행되는 함수입니다. 이 함수를 이용하면 게임 중에 발생하는 이벤트를 감지해 특정 기능을 실행시키는 코드를 작성하는 데 편리합니다. Touched 이벤트가 발생했을 때 충돌한 객체를 Connenct( ) 함수의 매개변수로 사용해 코드를 작성해 보겠습니다.

실습 충돌하면 플레이어의 체력을 0으로 만드는 Kill 블록 만들기

Connect( ) 함수를 사용해 Touched 이벤트와 특정 기능을 연결하는 연습을 해보겠습니다. 플레이어가 Kill 블록 파트와 충돌하면 체력이 0으로 떨어져 사망하는 스크립트를 만들어 봅시다.

01 로블록스 스튜디오를 실행하고 [새로 만들기]의 [모든 템플릿] 탭에서 'Baseplate'를 클릭해 엽니다. 블록 파트 하나를 생성하고, 'KillPart'로 이름을 변경합니다. 하위 항목으로 [Script]를 추가해 'Kill_Script'로 이름을 변경합니다.

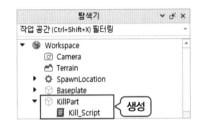

02 [KillPart]의 [속성] 창에서 [Appearance] – [BrickColor]를 'Really red', [Transform] – [Size]를 '4, 1, 4'로 변경합니다.

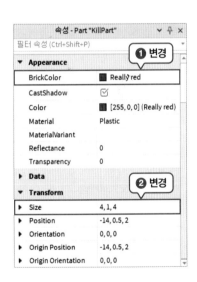

03 [Kill_Script]를 더블 클릭하여 스크립트 창을 띄운 후 다음과 같이 작성합니다.

스크립트	Touched 이벤트와 Connect() 함수 사용하기	Kill_Script

```
1    local part = game.Workspace.KillPart
2
3    part.Touched:Connect(function(player)
4        local humanoid = player.Parent:FindFirstChild("Humanoid")
5        if humanoid then
6            humanoid.Health = 0
7        end
8    end)
```

코드 설명

1: part 변수에 [Workspace]에 생성한 KillPart를 대입합니다.

3: 파트와 다른 객체가 충돌하면 함수를 실행시켜 파트와 충돌한 객체를 매개변수 player에 대입
합니다.

4: FindFirstChild() 함수로 충돌한 객체의 자식 객체 중 "Humanoid"가 있는지 확인하고, 반환된
값을 humanoid 변수에 저장합니다.

> **NOTE** FindFirstChild() 함수는 지정한 범위의 특정 개체를 검색해 찾는 함수입니다. 특정 개체가 없다면 nil을 반
> 환합니다.

5: humanoid 변수에 값이 들어 있다면 if 문을 실행시킵니다.

> **NOTE** humanoid 변수에 false 또는 nil 값이 들어 있다면 if 문은 실행되지 않습니다.

6: 충돌한 humanoid의 체력에 0을 대입해 플레이어가 죽게 만듭니다.

여기서 잠깐 **휴머노이드란?**

휴머노이드(Humanoid)는 게임 안에서 캐릭터가 걸어 다니면서 아이템 등의 게임 구성 요소를 실행할 수 있
도록 하는 오브젝트입니다. 플레이어라면 무조건 휴머노이드를 가지고 있기 때문에 스크립트에서는 충돌한 객
체가 플레이어인지 아닌지를 단번에 판단할 수 있습니다.

휴머노이드에는 플레이어의 체력과 점프 높이, 달리기 속도 등과 같은 기본 속성도 추가로 설정할 수 있습
니다.

04 [테스트] 탭에서 [플레이]를 눌러 테스트해 봅시다. 캐릭터가 Kill 블록 파트와 충돌하자마자 사망하는 것을 확인할 수 있습니다.

2-8 서버와 클라이언트

로블록스와 같이 세계 각국의 사용자들과 공유하는 메타버스 게임에서는 서버와 클라이언트가 서로 통신하면서 게임을 진행합니다. 따라서 이 서버와 클라이언트의 개념을 이해하는 것이 로블록스 게임을 제작하는 데 큰 도움이 됩니다. 지금부터 서버와 클라이언트의 개념과 역할에 대해 자세히 살펴보겠습니다.

서버

게임에서 서버(Server)는 여러 플레이어가 함께 게임을 할 수 있도록 관리하는 공간입니다. 사용자들이 만든 게임의 맵, 스크립트, 캐릭터 사양 등을 저장하고 업데이트를 관리하며 상호작용합니다. 따라서 서버에서 스크립트 또는 맵을 수정하면 모든 플레이어에게 변경 사항이 동일하게 적용됩니다.

로블록스 스튜디오에서 서버에 바로 접근할 수 있는 공간은 [탐색기] 창의 [Workspace], [ServerScriptService], [ServerStorage]입니다. 여기에는 게임의 규칙이나 맵과 같이 바뀌지 않아야 되는 오브젝트들을 저장합니다. 각 항목에 [Script]를 추가해 작성하면 게임의 시작과 동시에 모든 플레이어에게 동일하게 적용됩니다.

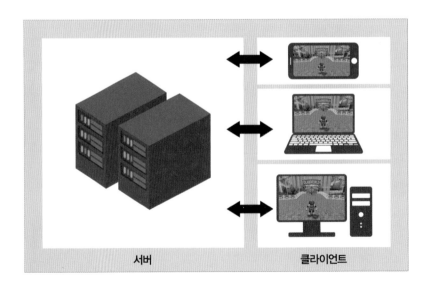

서버　　　　　　　　　클라이언트

로블록스 스튜디오에서 바로 게임을 플레이하면 [홈] 탭의 '테스트' 메뉴에 [현재: 클라이언트] 버튼이 생기면서 말 그대로 현재 클라이언트에서의 플레이 상황을 볼 수 있습니다. 이 버튼을 한 번 더 클릭하면 [현재: 서버] 버튼으로 바뀌며 서버에서의 플레이 상황을 볼 수 있습니다. 단, 이때는 서버에서 실행하는 것이기 때문에 캐릭터를 선택하여 이동시킬 수는 없습니다.

클라이언트

클라이언트(Client)는 게임을 하는 플레이어들의 휴대폰, 노트북, 컴퓨터 등의 모든 기기를 말합니다. 게임을 시작하면 각자가 자신의 캐릭터를 움직이는 것에 따라 서로 다른 화면을 보게 되는데, 이 것이 바로 클라이언트에서 실행되는 화면입니다.

로블록스 스튜디오에서 클라이언트로 접근할 수 있는 공간은 [탐색기] 창의 [ReplicatedFirst], [StarterGui], [StarterPack], [StarterPlayer]입니다. 여기에는 플레이어의 캐릭터, GUI, 아이템 과 같은 오브젝트들을 저장합니다. 각 항목에 [LocalScript]를 추가하여 작성하면 되는데, 이 스크립 트는 각 플레이어의 정보를 관리하기 때문에 클라이언트에서만 실행할 수 있습니다. 하지만 [Script] 와 같이 모든 사용자에게 동시에 적용되지는 않기 때문에 게임 전체를 제어할 수는 없습니다.

서버와 클라이언트의 연결

서버와 클라이언트 사이에 신호를 보내거나 데이터를 전달하고 싶을 때 스크립트만으로는 두 공간을 연결할 수 없습니다. 서버와 클라이언트는 서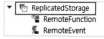로 다른 공간이기 때문에 이 두 공간의 통신은 리모트 이벤트를 사용합니다. 71쪽 탐색기의 항목들을 살펴보면 서버에서 동작하는 공간과 클라이언트에서 동작하는 공간이 나뉘는데, 리모트 오브젝트는 서버와 클라이언트 모두와 통신해야 하기 때문에 이 두 공간에서 모두 사용할 수 있는 [ReplicatedStorage]에 위치해야 합니다.

리모트 이벤트

리모트 이벤트(RemoteEvent)는 스크립트와 스크립트가 서로 신호를 전달할 수 있도록 도와주는 역할을 합니다. 서버의 [Script]에서 클라이언트의 [LocalScript]를 호출하거나, 클라이언트의 [LocalScript]에서 서버의 [Script]를 호출합니다. 각 플레이어의 클라이언트에서 서버로 신호를 전달할 수 있고, 반대로 서버에서 특정 플레이어의 클라이언트 혹은 모든 플레이어에게도 전달할 수 있습니다.

이러한 리모트 이벤트는 주로 게임의 기능을 유기적으로 연결하는 데 사용합니다. 플레이어가 장애물과 충돌했을 때 효과음을 재생시키는 경우를 예로 들 수 있습니다. 플레이어의 충돌을 감지하는 스크립트에서 충돌했다는 신호를 보내면 효과음을 재생시키는 스크립트가 신호를 받아 효과음을 재생하는 것입니다. 이때는 스크립트의 종류와 위치에 상관없이 서로 통신할 수 있습니다.

리모트 이벤트의 신호를 보내는 스크립트가 어디에 있느냐에 따라 코드의 작성법이 달라집니다. 서버에서 신호를 보낼 경우에는 신호를 받을 플레이어를 지정해야 하고, 클라이언트에서 신호를 보낼 경우에는 신호를 받을 대상을 따로 지정하지 않아도 됩니다.

서버의 [Script]에서는 FireClient() 함수를 이용해 클라이언트로 신호를 보내고, 클라이언트의 [LocalScript]에서는 OnClientEvent() 함수를 이용해 서버로 신호를 받습니다. 그리고 이를 Connect() 함수로 연결해 전달합니다.

서버 → 클라이언트로 신호를 보내는 경우

서버의 [Script] : 신호 보내기

```
RemoteEvent:FireClient(player) --1명의 플레이어에게 신호를 전달합니다.
```

클라이언트의 [LocalScript] : 신호 받기

```
RemoteEvent.OnClientEvent:Connect(function()
    --리모트 이벤트 신호를 받았을 때의 실행문
end)
```

여기서 잠깐 **모든 플레이어에게 신호 보내기**

서버에서 클라이언트로 신호를 보낼 때는 특정한 플레이어에게만 보낼 수도 있고, 모든 플레이어에게 보낼 수도 있습니다. 특정한 플레이어에게만 신호를 보낼 때는 FireClient() 함수의 매개변수에 그 플레이어의 이름을 넣어줍니다.

```
RemoteEvent:FireClient(특정 플레이어의 이름) --특정 플레이어에게만 신호 전달
RemoteEvent:FireAllClients() --모든 플레이어에게 신호 전달
```

클라이언트의 [LocalScript]에서는 FireServer() 함수를 이용해 서버로 신호를 보내고, 서버의 [Script]에서는 OnServerEvent() 함수를 이용해 신호를 받습니다. 그리고 Connect() 함수로 연결해 신호를 전달합니다.

클라이언트 → 서버로 신호를 보내는 경우

클라이언트의 [LocalScript] : 신호 보내기

```
RemoteEvent:FireServer()
```

서버의 [Script] : 신호 받기

```
RemoteEvent.OnClientEvent:Connect(function()
    --리모트 이벤트 신호를 받았을 때의 실행문
end)
```

PART 2

로블록스
게임 만들기

게임을 제작하는 기본 방법을 익혔다면 이제 본격적으로 우리가 플레이할 수 있는 게임을 만들어 보겠습니다. 지금까지 배운 내용을 바탕으로 지형 점프맵, 다차원 드롭퍼, [부록] 극한 생존 게임 (PDF)을 직접 만들면서 필요한 내용들을 알아봅시다.

Chapter 3
지형 점프맵

이제부터는 앞에서 배운 로블록스의 기본 개념과 간단한 스크립트를 활용하여 직접 게임을 만들어 출시해 보겠습니다. 복잡한 스크립트를 작성하지 않고도 로블록스에서 게임의 맵을 디자인하고 플레이할 수 있습니다. 공중에 떠 있는 다섯 개의 섬을 통과하는 다양한 점프 코스를 만들어 봅시다.

스릴감 넘치는 모험을 시작해 봅시다. 땅이 보이지 않을 정도로 높은 곳에 떠 있는 섬 위에 있다가는 까딱하면 아래로 추락할 것 같습니다. 장애물이 도사리고 있는 위험한 징검다리를 건너 안전한 결승섬에 도착하면 우리를 구해 줄 열기구를 찾을 수 있습니다. 먼저 게임의 방법과 규칙을 정하고 어떻게 맵을 디자인할 것인지 생각해 봅시다.

게임 기획하기

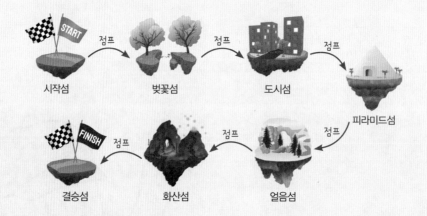

• 게임 방법 및 규칙

- 시작섬을 출발해 다섯 개의 섬을 지나 결승섬에 도착해야 합니다.
- 공중에 떠 있는 위험한 섬들을 통과하면서 한 번이라도 아래로 추락하면 게임이 종료됩니다.
- 결승섬에 있는 열기구에 탑승하면 지형 점프맵을 탈출할 수 있습니다.

게임 제작 순서 생각하기

다음 로드맵을 보면서 무엇을, 어떤 순서로 만들지 머릿속으로 먼저 그려 봅니다.

❶ 프로젝트 만들기

프로젝트 파일

❷ 빌드하기

벚꽃섬	도시섬
피라미드섬	얼음섬
화산섬	시작섬과 결승섬
스폰포인트	데미지 파트

❸ 배경 설정하기

이미지

음악

❹ 게임 출시하기

게임 출시

3-2 프로젝트 만들기

① 프로젝트 만들기   **② 빌드하기**   **③ 배경 설정하기**   **④ 게임 출시하기**

먼저 프로젝트 파일을 만들어 로블록스 스튜디오에 저장해야 합니다. 이렇게 하면 게임을 만드는 중간중간에 저장하고 관리하기가 편리합니다. 로블록스 스튜디오를 실행하고 새 프로젝트를 만들어 저장하거나, 부록으로 제공되는 예제 소스를 활용해도 됩니다. 여기에서는 예제 소스를 열어 로블록스 스튜디오에 저장하고 시작해 보겠습니다.

01 예제 소스의 [Chapter 3] 폴더에 있는 '지형점프맵.rbxl' 파일을 더블 클릭해 엽니다.

02 로블록스 스튜디오의 상단 메뉴 바에서 [파일] − [Roblox에 저장]을 클릭합니다. [게임 저장] 대화 상자가 나타나면 게임의 이름과 설명, 크리에이터, 장르, 기기 등의 정보를 작성합니다. 여기에서는 게임의 [이름]을 '지형 점프맵', [설명]을 '공중에 떠 있는 섬과 아슬아슬한 점프 코스가 있는 지형 점프맵을 플레이해보세요!'라고 작성하겠습니다. 설정이 완료되면 [저장] 버튼을 클릭합니다.

03 저장이 완료되면 새로 저장한 프로젝트가 자동으로 열립니다. 기타 세부적인 설정은 게임을 완성하고 나서 살펴보겠습니다.

① 프로젝트 만들기　② 빌드하기　③ 배경 설정하기　④ 게임 출시하기

이제 지형 점프맵에 떠 있는 섬을 디자인해 보겠습니다. 공중에 떠 있는 섬은 어떻게 생겼을까요? 우리가 잘 알고 있는 소설 『걸리버 여행기』에는 '라퓨타'라고 하는 공중섬이 등장합니다. 미야자키 하야오 감독은 이를 소재로 〈천공의 성 라퓨타(1986)〉라는 애니메이션을 제작하게 됩니다. 영화 〈아바타(2009)〉에도 등장하는 공중섬은 많은 게임과 애니메이션에서 사용하는 단골 소재입니다.

이 공중섬을 로블록스에서 똑같이 구현하기에는 한계가 있지만, 최대한 비슷하게만 만들어도 좋은 결과물이 나올 수 있습니다. 책의 예제 소스에는 다양한 테마의 섬이 제작되어 있습니다. 파일을 참고하면 나만의 개성을 가진 섬을 얼마든지 구현할 수 있습니다.

| 소설 『걸리버 여행기(1726)』, 애니메이션 〈천공의 성 라퓨타(1986)〉, 영화 〈아바타(2009)〉에 등장하는 공중섬의 모습

'지형점프맵.rbxl' 예제 소스를 열면 시작섬부터 결승섬까지 7개의 섬들이 순서대로 나열되어 있습니다. 우리는 플레이어가 섬 사이사이를 이동하게 될 6개의 점프 코스를 만들어 보겠습니다. 먼저 첫 번째 섬인 벚꽃섬입니다.

벚꽃섬 – 파트 점프 코스 만들기

첫 번째는 시작섬에서 벚꽃섬으로 가는 길입니다. 벚꽃섬 중앙에 있는 핑크색 꽃잎 모양의 파트를 가져와 플레이어가 이동할 점프 코스로 만들어 보겠습니다.

01 꽃잎 파트 중 하나를 선택하고 Ctrl + D 키를 눌러 복제합니다. 그리고 [홈] 탭에 있는 [이동] 툴을 클릭해 복제한 꽃잎 파트를 시작섬 앞으로 끌어옵니다. 마우스 오른쪽 버튼을 누른 채로 드래그하면서 맵을 회전시키면 벚꽃섬 옆에 스폰포인트가 설치되어 있는 시작섬을 찾을 수 있습니다.

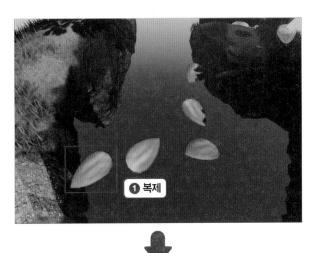

> **NOTE** 오브젝트를 특정 위치에 올려 놓을 때는 마우스로 선택하여 끌어올 수 있지만, 바닥이 없는 공중에서 이동할 때는 [홈] 탭의 [이동] 툴을 선택한 상태에서 옮겨야 합니다.

02 플레이어가 꽃잎을 밟고 이동할 수 있도록 파트의 위치를 조정해 보겠습니다. [모델] 탭의 '그리드에 맞추기' 메뉴에서 [이동] 단위를 '1 스터드'로 설정한 다음, [이동] 툴을 선택하여 꽃잎의 위치를 시작섬에 닿을 정도로 가까이 이동합니다.

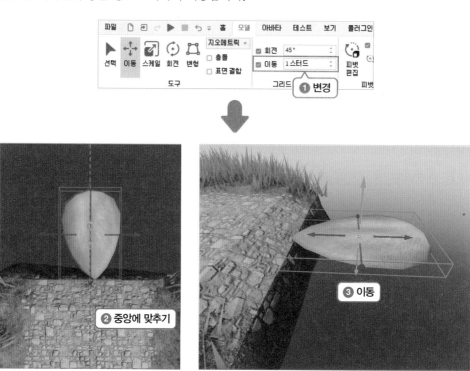

03 [모델] 탭의 '그리드에 맞추기'에서 [이동] 단위를 '6 스터드'로 설정한 다음, [이동] 툴을 선택하여 꽃잎을 시작섬과 반대 방향으로 한 번만 이동합니다.

로블록스 게임 캐릭터의 점프 거리

로블록스에서 캐릭터가 점프할 수 있는 최대 거리는 13 스터드입니다. 그렇다고 점프 간격을 13으로 설정하면 실제로 캐릭터가 점프할 때 아래로 떨어지기가 쉽습니다. 따라서 점프 코스를 제작할 때는 초보자들도 충분히 건너갈 수 있는 점프 간격인 6 스터드 정도로 맞추는 것이 좋습니다.

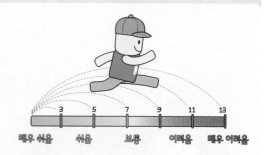

04 방금 놓은 꽃잎을 여러 개 복제하여 길을 만들겠습니다. 다시 [모델] 탭의 '그리드에 맞추기'에서 [이동] 단위를 '4 스터드'로 설정한 다음, Ctrl + D 키를 눌러 꽃잎을 복제하여 캐릭터가 건널 수 있는 위치로 옮겨 줍니다. 같은 방법으로 5개를 더 만들어 다음과 같이 배치합니다.

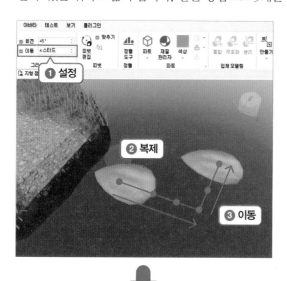

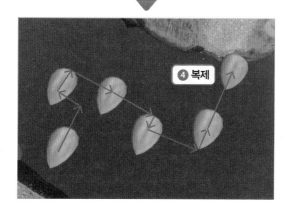

05 이번에는 꽃잎의 방향을 조금씩 회전해 자연스러운 느낌을 살려 보겠습니다. [모델] 탭의 '그리드에 맞추기'에서 [회전] 단위를 '15°'로 설정하고, [회전] 툴을 선택하여 자연스럽게 보이도록 각도를 조절합니다.

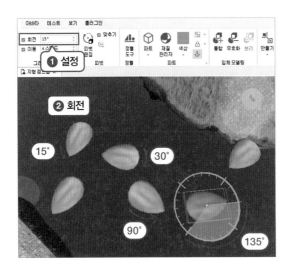

06 꽃잎의 방향을 회전했지만 옆에서 바라봤을 때 모든 파트가 평평해서 재미가 없습니다. 다시 [모델] 탭에서 [이동] 툴을 선택해 꽃잎의 높낮이를 조절하거나, [회전] 툴을 선택해 꽃잎의 각도를 조절하여 다양한 변화를 줍니다. 이렇게 꽃잎이 흩날리는 듯한 첫 번째 벚꽃섬 코스를 완성하였습니다.

NOTE 파트의 높낮이를 조절할 때 파트가 너무 높거나 낮으면 캐릭터가 점프하기 어렵기 때문에 [이동] 단위를 '2 스터드' 이하로 설정하는 것이 좋습니다.

07 이제 테스트를 해 볼 차례입니다. 시작섬에 있는 스폰포인트를 선택하고 [F] 키를 눌러 뷰포트의 시점을 이동합니다. 이 상태로 [테스트] 탭의 [플레이] 드롭다운 목록에서 [여기서 플레이]를 클릭해 테스트를 시작합니다.

NOTE [테스트] 탭에서 [플레이] 드롭다운 목록에 있는 [여기서 플레이]를 선택하지 않고 바로 [플레이]를 클릭하면, 스폰포인트가 있는 다른 지점에서 무작위로 게임을 시작합니다. 따라서 현재 뷰포트의 시점에서 게임을 시작하려면 반드시 [여기서 플레이]를 선택해야 합니다.

도시섬 – 지형 점프 코스 만들기

두 번째 도시섬으로 가는 길은 지형 편집기를 이용해 직접 만들어 보겠습니다. 지형은 파트와 달리 오브젝트의 모양을 자유자재로 변형할 수 있기 때문에 정해진 모양이 아니라 육지, 바다, 섬과 같은 자연환경을 만들 때 주로 사용합니다. 지형 편집기를 이용해 마치 점을 찍듯이 징검다리를 만들어 봅시다.

01 작업이 편리하도록 왼쪽에 있는 [도구 상자] 창을 닫고 [지형 편집기] 창만 남깁니다.

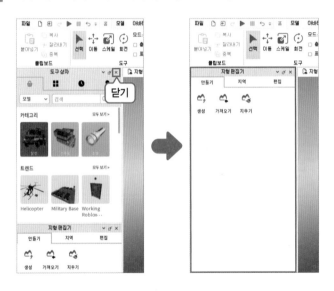

02 [지형 편집기] 창의 [편집] 탭에 있는 [추가] 버튼을 클릭합니다.

03 [브러시 설정]에서 만들고자 하는 지형의 베이스 크기, 위치, 고정 등의 속성을 결정하겠습니다. [평면 고정]의 '수동'을 선택하고, [평면 편집]에 있는 파란색 [편집] 버튼을 클릭하면 평면의 위치 값과 회전 값을 설정할 수 있습니다. 동시에 뷰포트에서도 하얀색 그리드와 함께 '이동', '회전' 화살표가 활성화됩니다.

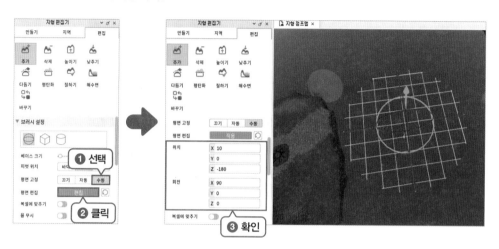

여기서 잠깐 [평면 고정]을 '수동'으로 선택하는 이유

공중에 떠 있는 섬이므로 지형을 만들 때 바닥이 아니라 공중에 떠 있는 지형을 만들어야 합니다. [평면 고정]을 '자동'으로 선택한다는 것은 말 그대로 '추가할 지형의 평면을 자동으로 설정한다'는 의미입니다. [평면 고정]이 '자동'인 상태에서는 다음과 같이 저 멀리 밑바닥에 지형 생성을 위한 하얀색 그리드와 파란색 브러시가 표시됩니다. 따라서 [평면 고정]을 '수동'으로 선택하고, 그리드의 위치를 떠 있는 섬 바닥의 높이에 맞춰야 제대로 된 위치에 지형 코스를 만들 수 있습니다.

04 섬 바닥 높이에 맞는 지형 코스를 만들기 위해 [위치]의 [Y] 값을 '160'으로 설정하고, [적용] 버튼을 클릭합니다. 하얀색 그리드와 함께 활성화된 '이동' 화살표를 섬 바닥으로 8 스터드 아래로 이동시켜도 됩니다.

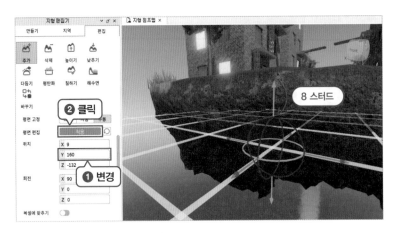

05 이제 지형의 모양과 크기를 설정해 보겠습니다. [브러시 설정]에서 브러시를 정육면체 모양으로 바꾼 다음 [베이스 크기]와 [높이]를 '2', [피벗 위치]를 '바닥'으로 설정합니다. [복셀에 맞추기]를 활성화하고 [재질 설정]의 첫 번째에 있는 '아스팔트'를 선택합니다.

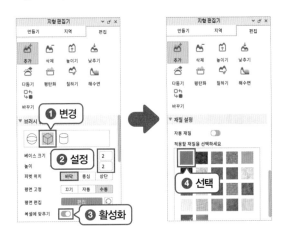

여기서 잠깐 복셀이 무엇인가요?

픽셀(Pixel)이라는 단어는 많이 들어 봤어도 복셀(Voxel)이라는 단어는 조금 생소할 것입니다. 픽셀은 2차원의 구성 단위이고, 복셀은 3차원의 격자 단위입니다. 예를 들어 2차원 게임인 〈슈퍼 마리오〉의 한 블록은 픽셀이고, 3차원 게임인 〈마인크래프트〉의 한 블록은 복셀입니다. 3차원 게임인 로블록스도 복셀을 사용합니다. 단, 지형 편집기를 사용할 때만 복셀 단위를 사용하고 대부분은 스터드 단위를 사용합니다.

로블록스에서 1 복셀은 4×4 스터드의 크기와 같습니다. 따라서 [지형 편집기] 창의 '복셀에 맞추기' 기능이 활성화되어 있는 상태에서 지형을 만들면 4×4 스터드 크기의 지형이 그리드에 착 붙은 채로 생성되기 때문에 훨씬 편리합니다.

06 벚꽃섬에서 도시섬으로 가는 길목에 지형을 하나 생성합니다. 단, 벚꽃섬과 너무 가깝게 생성하면 벚꽃섬의 지형과 붙어버릴 수 있으니 조금 간격을 둡니다.

07 첫 번째 지형과 너무 닿지 않도록 주의하며 적당한 위치에 두 번째 지형을 생성합니다.

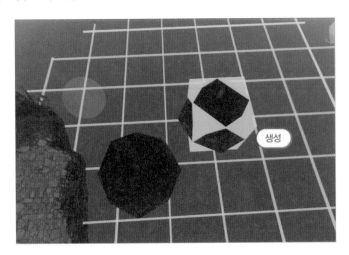

08 마치 점을 찍듯이 계속 클릭해 플레이어가 다음 섬까지 점프해서 넘어갈 수 있도록 징검다리를 만듭니다. 점프 코스를 일직선으로 만들면 너무 쉬워지기 때문에 꼬불꼬불하게 만들어 줍니다.

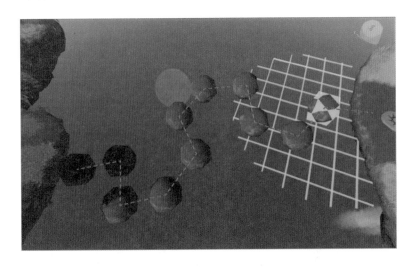

지형을 만드는 도중에 지우고 싶은 부분이 생기면 되돌리기 단축키(Ctrl + Z)를 눌러 이전 상태로 되돌릴 수 있습니다. 만약 이미 완성된 지형에서 특정 부분만 지우거나 수정하고 싶다면 [지형 편집기] 창의 [삭제] 버튼을 클릭한 후 수정하고 싶은 지형을 클릭하면 됩니다. 추가, 삭제, 높이기, 낮추기 등 지형에 관한 수정은 [지형 편집기] 창의 [편집] 탭에서 모두 수행할 수 있습니다.

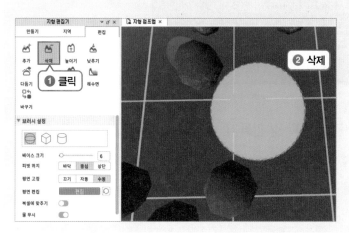

09 이제 테스트를 해 보겠습니다. 벚꽃섬의 끝부분에 있는 스폰포인트를 선택하고 F 키를 눌러 다음과 같이 뷰포트의 시점을 이동합니다. 이 상태로 [테스트] 탭의 [플레이] 드롭다운 목록에서 [여기서 플레이] 버튼을 클릭해 테스트를 시작합니다.

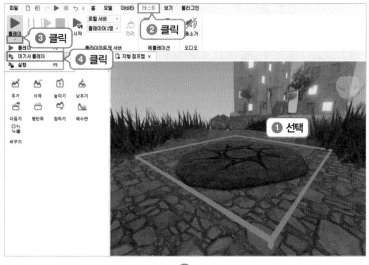

피라미드섬 – 진짜 길과 가짜 길 만들기

세 번째 피라미드섬으로 가는 길을 만들어 보겠습니다. 이번에는 도시섬으로 가는 길과 같은 점프 코스가 아니라, 진짜 길과 가짜 길을 만들어 캐릭터에게 함정을 놓아 보겠습니다.

01   피라미드섬의 특징에 맞게 지형의 재질을 바꿔서 만들어 보겠습니다. [지형 편집기] 창에서 [편집] 탭에 있는 [추가] 툴의 [재질 설정]에서 '아스팔트'를 '모래'로 변경합니다. 피라미드섬으로 가는 길목에 모래 지형을 하나 만듭니다.

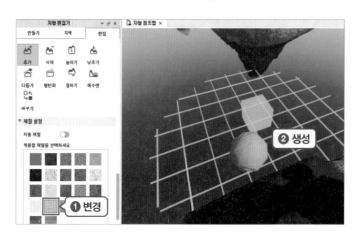

02 피라미드섬 방향으로 우회하는 모래 지형 4개를 더 만듭니다. 네 번째 지형부터는 캐릭터가 건너 갈 수 있는 진짜 길과 건널 수 없는 가짜 길로 만들어 보겠습니다. 진짜 길과 가짜 길 구간을 구 분할 수 있도록 네 번째 지형 양 옆을 한 번씩 클릭하고, 이어 붙여서 길쭉한 모양으로 만듭니다.

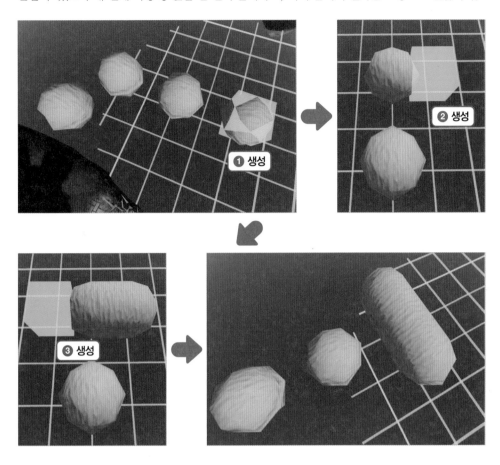

> **NOTE** 지형을 클릭하고 드래그해도 원하는 모양으로 만들 수 있습니다.

03 하얀색 그리드 선을 기준으로 4칸 정도 떨어진 곳에 똑같은 모양의 길쭉한 지형을 생성합니다.

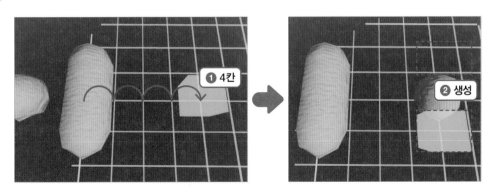

04 지형만으로는 진짜 길과 가짜 길을 구현할 수 없으니 블록 파트를 사용하겠습니다. [지형 편집기] 창에 선택되어 있는 [추가]를 비활성화한 다음, [모델] 탭에서 블록 파트 하나를 생성하여 [속성] 창의 [Transform]에서 [Size]를 '20, 2, 6'으로 설정합니다. 그리고 [이동] 툴을 선택해 길쭉한 지형 사이에 블록 파트가 겹쳐질 수 있도록 이동시킵니다.

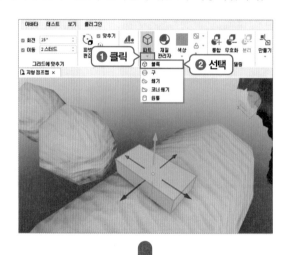

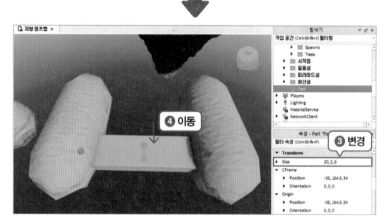

> **NOTE** 파트를 생성할 때는 생성하고 싶은 위치에 있는 지형이 뷰포트에 나타나 있어야, 그 지형 위에 파트가 생성됩니다. 만약 공중을 가리키는 상태에서 파트를 생성하면 맵의 가장 밑 부분, 바닥에 파트가 생성되므로 주의합니다.

05 블록 파트의 [속성] 창에서 [Appearance] – [Color]를 '207, 183, 110', [Material]을 'Sand'로 설정해 모래 지형과 비슷하게 만듭니다.

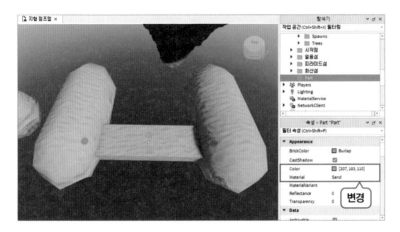

06 진짜 길과 가짜 길, 두 갈래 길로 만들기 위해 먼저 만들었던 파트를 복제(Ctrl + D)해 적당한 간격을 두고 나란히 놓습니다.

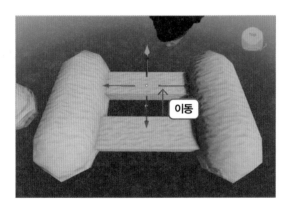

07 진짜 길은 밟고 지나가고, 가짜 길은 통과해 떨어지도록 만들겠습니다. 한 쪽 파트만 선택한 다음 [속성] 창의 [Collision] – [CanCollide]에 체크를 해제합니다. 두 길 모두 [속성] 창의 [Part] – [Anchored]에 체크해 고정합니다.

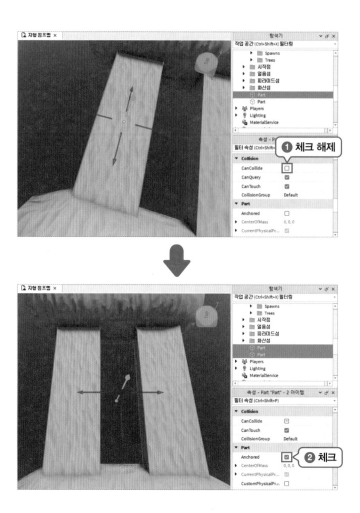

08 [테스트] 탭에서 [여기서 플레이]를 클릭해 두 가지 길 중 어느 길을 통과할 수 있는지 직접 확인해 봅니다. 그리고 다시 [지형 편집기] 창의 [추가]를 선택한 후 피라미드섬 쪽으로 가는 방향으로 지형 3개를 더 만듭니다.

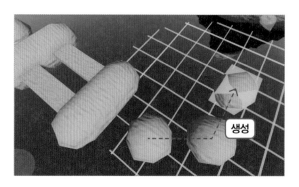

09 [지형 편집기]를 이용해 세 번째 지형을 **03**과 동일하게 길쭉한 지형으로 만듭니다. 그리고 하얀색 그리드 선을 기준으로 4칸 정도 떨어진 곳에 똑같은 지형을 추가합니다.

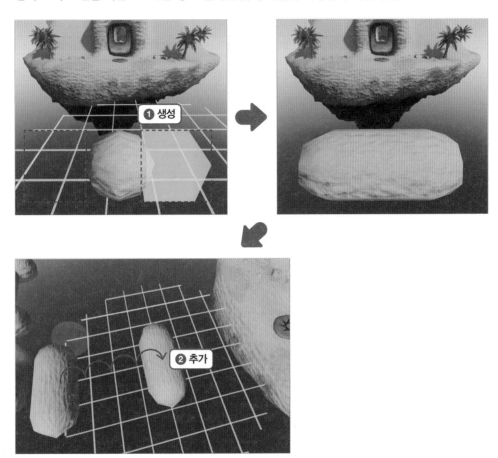

10 이번에는 좀 더 어렵게 두 갈래가 아닌 세 갈래의 진짜 길과 가짜 길을 만들어 보겠습니다. 블록 파트 6개를 이용하여 **04~07**과 동일한 방법으로 길을 만들어 줍니다. 두 개의 진짜 길을 제외하고 나머지 네 개의 가짜 길을 모두 선택한 후, [속성] 창의 [Collision] − [CanCollide]를 체크 해제하는 것도 잊지 맙시다.

11 마지막으로 모든 블록 파트를 선택하고 [속성] 창에서 [Part] – [Anchored]에 체크해 고정시킵니다.

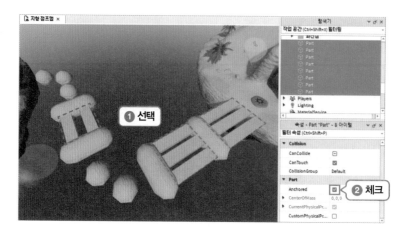

12 이제 테스트를 해 볼 차례입니다. 도시섬의 끝부분에 있는 스폰포인트를 선택하고 F 키를 눌러 시점을 이동해 [테스트] 탭의 [여기서 플레이] 버튼을 클릭합니다. 플레이어가 점프하기에 간격이 적당한지, 파트는 잘 고정되어 있는지 살펴봅니다.

얼음섬 – 미끄러운 길 만들기

네 번째 얼음섬으로 가는 길은 일부만 지형 점프 코스로 만들고, 나머지는 블록 파트를 사용해 구불 구불하고 미끄러운 길로 만들어 보겠습니다.

01 얼음섬 점프 코스의 첫 부분 역시 [지형 편집기] 창의 [편집] 탭에 있는 [추가]를 선택해 만들겠 습니다. [재질 설정]에서 재질을 '얼음'으로 변경해 얼음 지형 2개를 생성합니다.

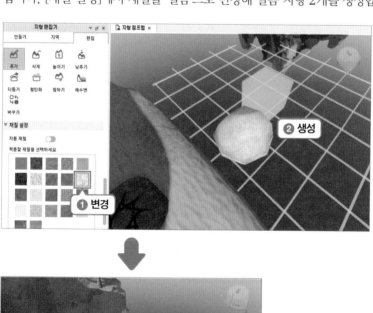

02 얼음섬까지 구불구불하게 직각으로 꺾이는 길을 만들기 위해 블록 파트 1개를 생성합니다. 그리고 [속성] 창의 [Appearance]에서 [Color]를 '110, 161, 184', [Material]을 'Ice'로 변경한 다음 [Part] – [Anchored]에 체크해 고정시킵니다.

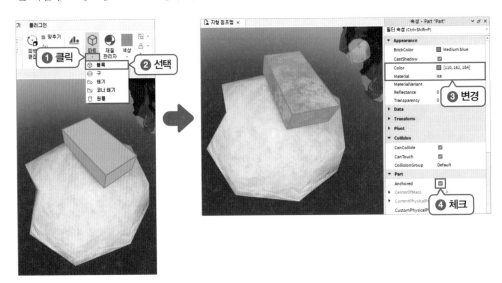

03 직각으로 꺾일 때마다 조금씩 폭이 줄어드는 길로 만들어 점점 더 지나가기 어렵게 설계하겠습니다. 두 번째 지형 앞으로 얼음 파트를 이동시킨 후 [속성] 창의 [Transform]에서 [Size]를 '8, 3, 15'로 바꿉니다.

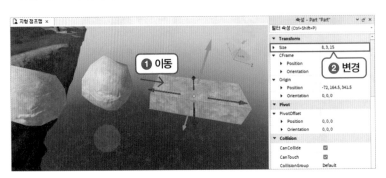

04 직각으로 꺾이면서 폭은 2 스터드 좁아지고, 길이는 2배로 길어진 빙판길을 만들겠습니다. 방금 만든 얼음 파트를 복제(Ctrl + D)해 [속성] 창의 [Transform]에서 [Size]를 '6, 3, 30'으로 변경한 후 직각으로 이어 붙입니다.

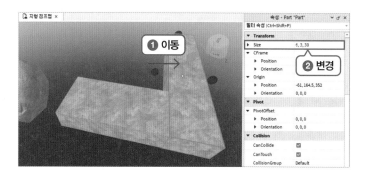

05 얼음 파트를 한 번 더 복제한 다음 파트의 폭을 2 스터드 더 줄여 [Size]를 '4, 3, 18'로 변경하고 직각으로 이어 붙입니다.

06 다시 얼음 파트를 한 번 더 복제한 다음 이번에는 길이만 늘려 [Size]를 '4, 3, 30'으로 변경하고 직각으로 이어 붙입니다.

07 선택한 파트에만 특정 속성을 설정할 수 있는 [Part] − [CustomPhysicalProperties]에 체크합니다. 미끄러운 길을 표현하기 위해 [Friction(마찰)]을 '0', [FrictionWeight]을 '100'으로 설정합니다.

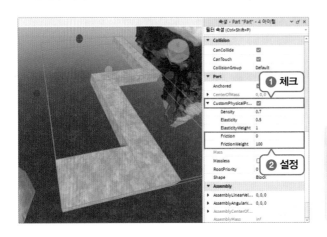

> **NOTE** 파트의 속성 중 [Friction]은 마찰계수의 값을, [FrictionWeight]은 마찰가중치의 값을 설정할 수 있습니다. 파트의 마찰계수 값이 작을수록, 마찰가중치 값이 클수록 미끄러워집니다.

08 빙판길 구간 다음으로는 다시 [지형 편집기] 창의 [추가]를 선택해 얼음 지형으로 점프 코스를 마무리합니다.

09 피라미드섬의 끝부분에 있는 스폰포인트 시점에서 [테스트] 탭의 [여기서 플레이] 버튼을 클릭해 네 번째 코스를 테스트해 봅니다.

STEP 5 **화산섬 – 트램펄린 점프 코스 만들기**

마지막 다섯 번째 섬인 화산섬으로 가는 길을 만들어 보겠습니다. 이번에는 높이가 서로 다른 지형을 만든 다음 트램펄린을 이용해 이동해 보겠습니다.

01 화산섬 점프 코스의 첫 부분은 [지형 편집기]의 [추가] – [재질 설정]에서 재질을 '갈라진 용암'으로 변경하여 용암 지형 2개로 시작하겠습니다.

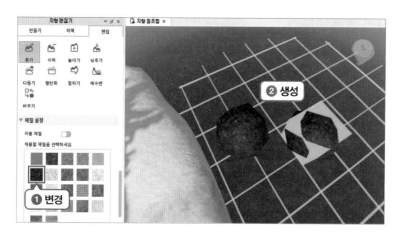

02 두 번째 지형에 플레이어가 높이 점프할 수 있는 트램펄린을 설치해 보겠습니다. 먼저 트램펄린을 놓을 수 있는 충분한 공간을 만들기 위해 지형 주변을 사각형 모양으로 클릭해서 넓고 평평하게 만들어 줍니다.

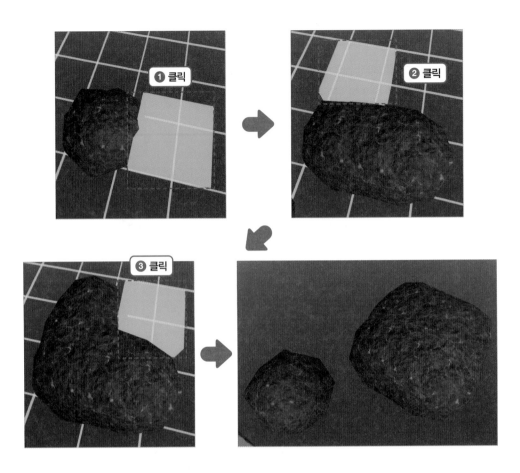

03 세 번째 지형은 두 번째 지형보다 높은 곳에 만들기 위해 [지형 편집기] 창의 [지역] 탭에서 [선택]이 선택된 상태로 두 번째 지형을 선택하면 파란색 박스가 생기는 것을 볼 수 있습니다. 이 파란색 박스 안에 두 번째 지형이 모두 감싸지도록 양 방향의 작은 파란색 원을 드래그하면서 박스의 크기를 조정합니다.

NOTE 이동시키고자 하는 지형의 범위를 선택하는 것이므로 지형의 일부분이 상자 밖으로 조금 빠져나가도 괜찮습니다.

04 [지형 편집기] 창의 [지역] 탭에서 [복사] – [붙여넣기]를 차례로 선택하면 앞에서 파란색 박스 안으로 선택된 두 번째 지형이 복사됩니다. 이어서 [이동] 툴을 클릭해 복사된 지형을 높은 위치로 옮기겠습니다.

> **NOTE** 지형의 높이는 트램펄린을 다 만든 후에 트램펄린의 최대 점프 수치를 이리저리 설정하면서 테스트할 수 있으므로, 지금은 일단 플레이어가 점프해서 지나갈 수 없을 만한 임의의 높이로 설정해도 됩니다.

05 플레이어가 세 번째 지형 위로 높이 올라갔다가 다음 지형을 계단식으로 밟고 내려올 수 있도록 새로운 지형 2개를 더 만들겠습니다. [지형 편집기] 창의 [편집] 탭에서 지형을 [추가]하고, **03~04**의 방법과 마찬가지로 [지역] 탭에서 [선택], [이동]하여 높낮이를 맞춥니다.

06 트램펄린 점프 구간이 한 번 더 반복될 수 있도록 **02~04**의 과정을 반복합니다. 추가로 화산 섬 앞에 마지막 지형 1개를 더 생성해 마무리합니다.

07 이제 화산 지형 위에 놓을 트램펄린을 만들어 보겠습니다. 두 번째 지형 위에 [모델] 탭의 원통 파트 1개를 생성한 다음 [회전] 툴을 선택하고 90° 회전하여 세로로 세워 놓습니다.

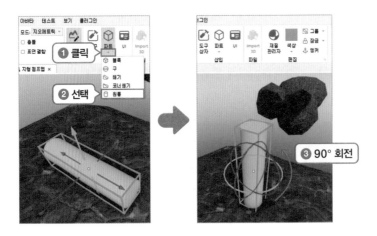

08 생성된 원통 파트를 트램펄린 모양으로 표현해 보겠습니다. 원통 파트의 [속성] 창에서 [Appearance] - [Material]을 'DiamondPlate'로, [Transform] - [Size]를 '2, 5, 5'로 변경합니다.

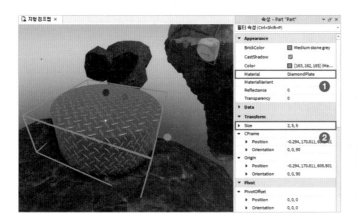

NOTE 용암 지형의 평평한 곳에 원통 파트를 놓아야 플레이어가 그 위로 높이 점프할 수 있습니다.

09 이번에는 트램펄린 매트가 될 블록 파트를 하나 생성한 다음 [탐색기] 창에 생성된 [Part] 안에 [SpecialMesh]를 추가합니다. 이렇게 하면 투명한 블록 파트 안에 작은 원통 모양의 파트가 삽입된 형태로 바뀌는 것을 볼 수 있습니다.

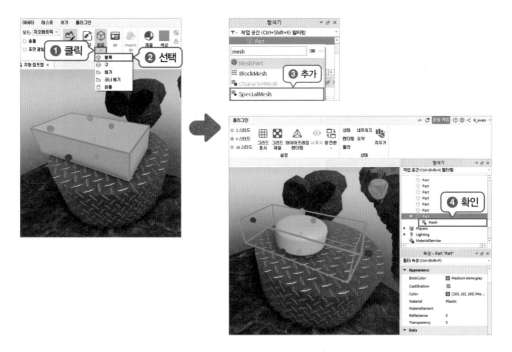

10 방금 만든 파트의 [속성] 창에서 [Appearance] – [Color]를 '196, 40, 28', [Transform] – [Size]를 '4.5, 1, 4.5'로 설정합니다.

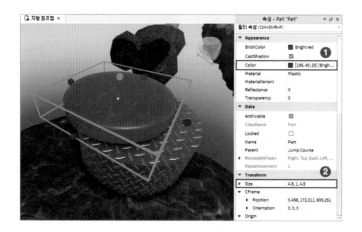

11 트램펄린 바닥과 매트의 위치를 맞추기 위해 밑에 있는 원통 파트를 선택하고, [속성] 창의 [Transform] – [CFrame] – [Position] 값을 복사해 위에 있는 블록 파트 [속성] 창의 [Position] 값으로 붙여 넣습니다. 이렇게 하면 두 파트의 위치가 같아져 트램펄린 매트가 숨겨지므로 빨간색 블록 파트를 선택하고 [이동] 툴을 클릭해 1 스터드 위로 이동시킵니다.

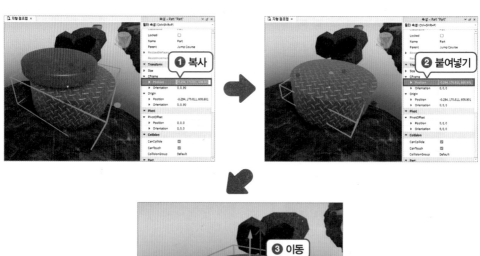

12 이제 플레이어가 트램펄린을 밟으면 위로 점프해 다음 지형에 충분히 착지할 수 있도록 트램펄린의 점프 높이를 설정하겠습니다. 빨간색 블록 파트의 [속성] 창에서 [Assembly] − [AssemblyLinearVelocity]를 '0, 175, 0'으로 변경합니다.

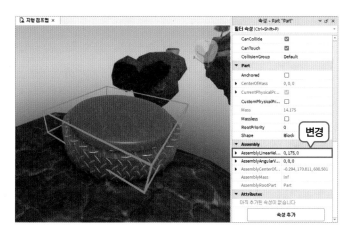

> **NOTE** 예제에서는 [AssemblyLinearVelocity] 값을 '0, 175, 0'으로 설정했지만, 점프할 지형을 어떤 높이와 거리로 만들었는지에 따라 달라지기 때문에 충분히 테스트하면서 안정적으로 착지할 수 있는 높이를 스스로 찾아봐야 합니다.

13 트램펄린의 바닥과 매트를 모두 선택하고, 마우스 오른쪽 버튼을 클릭해 '모델로 그룹화'하거나 [Ctrl] + [G] 키를 눌러 묶어 줍니다. [모델] 탭에서 [이동] 툴을 선택한 채로 지형의 끝부분으로 이동시켜 트램펄린의 자리를 잡아 줍니다.

> **NOTE** 위로 높게 솟은 위치로 이동시킨 지형의 바로 전 지형에는 모두 트램펄린이 필요합니다.

14 그룹화한 트램펄린 파트를 복사해, 그 다음 점프할 지형에도 똑같이 설치합니다. 마지막으로 점프 코스에 있는 모든 트램펄린 파트를 선택하고 [홈] 또는 [모델] 탭에 있는 [앵커]를 클릭해 고정합니다.

15 얼음섬의 끝부분에 있는 스폰포인트 시점에서 [테스트] 탭의 [여기서 플레이] 버튼을 클릭해 트램펄린 점프 코스가 잘 작동하는지 확인합니다.

> **NOTE** 빨간색 트램펄린 매트를 밟지 않고 닿기만 해도 높이 점프할 수 있습니다.

시작섬과 결승섬 꾸미기

이제 결승섬까지 도착하는 점프 코스를 만들고, 시작섬과 결승섬을 꾸며 마무리할 차례입니다. 모든 점프 코스를 통과한 플레이어가 결승섬에 도착해 열기구를 타고 전체 맵을 돌아다닐 수 있도록 준비해 보겠습니다.

01 예제 소스의 [Chapter 3] 폴더에 있는 '환경애셋.rbxm' 파일을 로블록스 스튜디오로 드래그해 가져옵니다. 키보드에서 F를 눌러 가져온 환경 애셋 모델을 확인합니다.

02 가져온 환경 애셋 모델 중에 'Credit 제작자 : _ _ _' 문구가 있는 팻말과 돌, 나무 모델을 시작섬으로 가져와 길 옆에 자유롭게 설치해 꾸며 줍니다.

03 돌과 잔디가 만나는 바닥을 자연스럽게 만들어 보겠습니다. [지형 편집기]의 [편집] 탭에 있는 [칠하기]를 선택한 다음 [브러시 설정]을 '원형', [베이스 크기]를 '1', [재질 설정]을 '토양'으로 변경합니다. 그리고 돌 아랫부분을 칠해 자연스러운 느낌을 살려 줍니다. 그 외에도 자신이 만들고 싶은 만큼 자유롭게 시작섬을 꾸며도 좋습니다.

04 이번에는 시작섬의 팻말에 제작자의 이름을 남겨 보겠습니다. 뷰포트에서 팻말을 선택하고 [탐색기] 창에서 모델로 그룹화된 'Sign' 모델의 하위에 있는 '제작자 : ---' 파트의 [SurfaceGui] – [TextLabel]을 선택합니다. 그리고 [속성] 창의 [Text] – [FontFace] – [Text]의 '---' 에 자신의 이름을 적어 보세요.

05 화산섬에서 결승섬으로 가는 점프 코스를 만들어 코스를 마무리해 보겠습니다. [지형 편집기]
창의 [편집] 탭에서 [추가]를 선택한 다음 [재질 설정]에서 '바위'를 선택합니다. 그리고 바위 지
형 3개를 추가해 간단한 점프 코스를 만들어 줍니다.

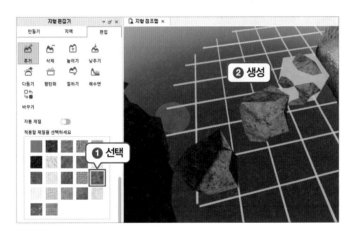

> **NOTE** 결승섬으로 가는 마지막 바위 지형 코스의 '브러시 설정'은 **STEP 2** 03~05의 과정과 동일합니다. 브러시는 정육면체
> 모양, '베이스 크기'와 '높이'는 '2', '피벗 위치'는 '바닥'이고, '평면 고정'은 '수동', '평면 편집'은 '위치'의 Y값이 '160'이 되도록
> 적용합니다. 마지막으로 '복셀에 맞추기'까지 선택하면 같은 속성으로 코스를 만들 수 있습니다.

06 결승섬에는 환경 애셋 모델의 나무와 색종이 조각이 사방으로 뿌려지는 원통 파트를 가져와 결
승점 도착을 축하해 보겠습니다. 색종이 조각이 나오는 원통 파트는 스폰포인트 양쪽에 있는
나무의 가지 안에 숨겨 자연스럽게 배치합니다.

07 마지막으로 'Congratulations(축하합니다)!' 문구가 써 있는 팻말과 열기구를 가져와 결승섬에 배치하여 지형 점프맵을 완성합니다.

08 플레이어가 결승섬을 통과한 후 열기구에 다가가면 자동으로 열기구에 탑승할 수 있습니다. 키보드의 W, A, S, D, E, Q 키를 이용해 열기구를 움직이면서 지금까지 지나온 섬들을 다시 한 번 구경해 보세요!

STEP 7 스폰포인트 지정하기

지금까지는 [테스트] 탭의 [여기서 플레이] 버튼을 클릭해 뷰포트로 보고 있는 화면에서 바로 테스트를 시작했습니다. 이 경우에는 게임을 시작하는 곳을 따로 지정하지 않았기 때문에 처음 게임에 접속해 플레이하거나 플레이 도중 죽을 때마다 다시 시작하는 스폰포인트가 무작위로 달라집니다. 그러면 다음 게임이 연속되지 않고, 어디서 다시 시작하는지 예측할 수 없어 매우 불편합니다.

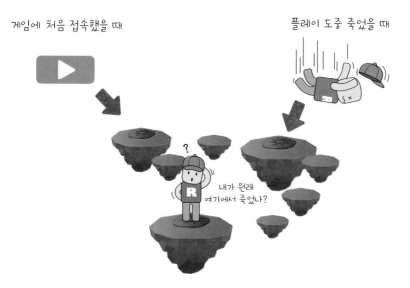

스크립트를 이용해 플레이어가 게임을 처음 시작할 때는 시작섬에 있는 스폰포인트에서 시작하고, 플레이 도중에 죽었을 때는 가장 최근에 밟은 스폰포인트에서 다시 시작하도록 지정하는 기능을 추가해 보겠습니다.

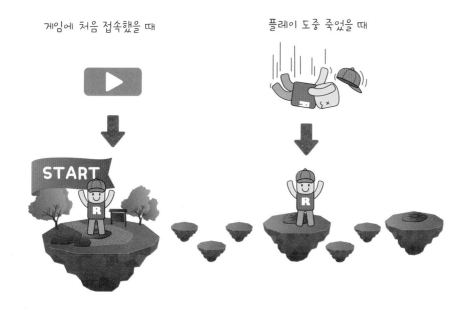

01 [탐색기] 창의 [ServerScriptService]에 [Script]를 하나 추가합니다.

02 예제 소스의 [Chapter 3] 폴더에 있는 '체크포인트.lua' 파일을 열고 `Ctrl` + `A`, `Ctrl` + `C` 단축키를 눌러서 전체 텍스트를 복사합니다. [Script] 창에 기본으로 작성되어 있는 스크립트 내용을 삭제하고, 복사한 텍스트를 붙여 넣습니다. 이 스크립트는 게임에 접속한 플레이어가 죽으면 마지막으로 밟은 스폰포인트에서 다시 시작하도록 지정하는 스크립트로, 흔히 '체크 포인트'라고 부릅니다.

> **NOTE** 여기에서는 예제 소스에 있는 스크립트의 내용을 모두 설명하지는 않지만, 작성된 코드를 살펴보며 자주 사용하는 '체크 포인트' 스크립트를 이해해 보세요!

03 플레이어가 게임에 처음 접속했을 때 시작 지점이 되는 스폰포인트는 시작섬에 있습니다. [탐색기] 창에서 'FirstSpawn'이라는 이름의 SpawnLocation을 확인할 수 있습니다.

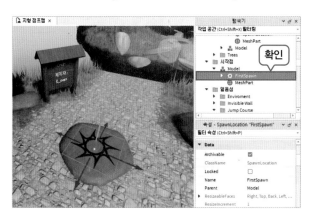

> **NOTE** 시작 지점은 별도의 스크립트를 입력하지 않고 SpawnLocation의 이름만 'FirstSpawn'으로 변경하면 됩니다.

04 [테스트] 탭에서 [플레이] 버튼을 눌러 테스트해 보겠습니다. 게임을 처음 시작할 때는 시작섬에서 출발하고, 도중에 떨어져 죽더라도 가장 최근에 밟은 스폰포인트에서 다시 시작하는지 확인합니다.

STEP 8 데미지 파트 넣기

게임 진행 중에 캐릭터가 피해를 입는 데미지(damage) 요소를 넣으면 게임의 진행이 다채로워집니다. 이번에는 플레이어가 점프맵을 통과하는 도중 특정 파트에 몸이 닿으면 즉시 사망하는 데미지 파트를 넣어 보겠습니다.

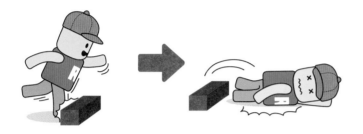

01 예제 소스의 [Chapter 3] 폴더에 있는 '데미지파트.rbxm' 파일을 로블록스 스튜디오로 드래그해 가져옵니다. 빨간색 사각형 박스 모양의 데미지 파트가 생겼습니다.

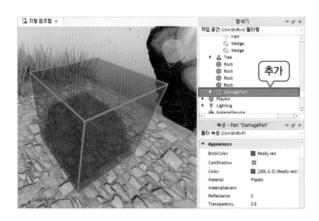

02 피라미드섬 안쪽을 들여다보면 점프 코스 아래에 용암과 해골, 관 등이 있는 것을 볼 수 있습니다. **01**에서 불러온 데미지 파트를 여기로 가져온 다음, [홈] 탭의 [스케일] 툴을 선택해 빨간색 사각형 박스가 영역 전체를 채우도록 크기를 넓혀 줍니다.

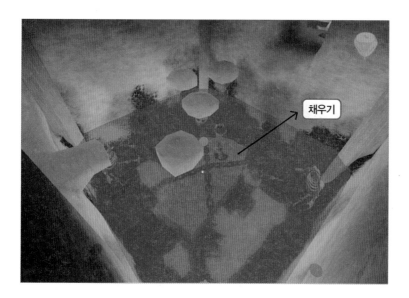

03 데미지 파트의 [속성] 창에서 [Appearance] – [Transparency]를 '1'로 설정해 투명하게 만듭니다. 이렇게 하면 눈에 보이지는 않지만 점프 코스에서 떨어진 플레이어가 데미지 파트에 닿아 바로 사망하도록 설정할 수 있습니다.

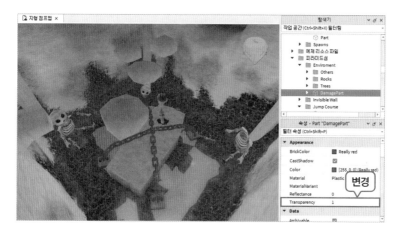

> **NOTE** 예제 소스에서 불러온 데미지 파트에는 이미 [속성] 창의 [Collision] – [CanCollide]에 체크가 해제되어 있어서 플레이어가 투명한 데미지 파트에 닿아 바로 통과하게 됩니다.

04 이번에는 얼음섬입니다. 얼음섬 중앙에도 뾰족한 얼음 결정 밑으로 빠지는 공간이 보입니다. 이 부분에도 **01~03**과 마찬가지로 데미지 파트를 가져와 영역을 채우고 [Appearance] − [Transparency]를 '1'로 설정해 투명하게 바꿉니다.

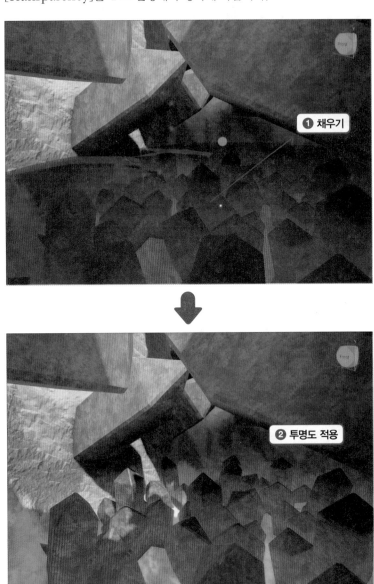

05 마지막 화산섬에도 데미지 파트를 만들어 주겠습니다. 이번에는 데미지 파트를 복사하지 않고 화산섬 중앙에서 흐르고 있는 용암 파트에 스크립트로만 기능을 넣겠습니다. [탐색기] 창에서 얼음섬에 설치한 [DamagePart] 하위에 있는 [Script]를 복사한 다음 화산섬 중앙에 있는 용암 파트([DamagePart] 3개)에 각각 붙여 넣습니다. [탐색기] 창에서 용암 [DamagePart]를 마우스 오른쪽 버튼으로 클릭하고, '다음에 붙여넣기'를 선택하면 복사됩니다.

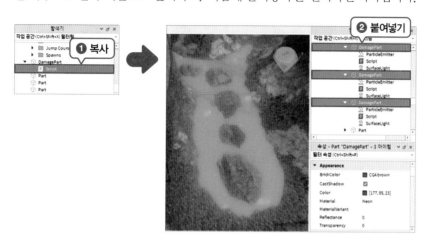

> **NOTE** 화산섬 중앙에 있는 용암 파트(DamagePart)는 [탐색기] 창의 [Workspace] – [화산섬] – [Environment] – [Others] 폴더에서 찾을 수 있습니다.

06 이제 테스트를 해 볼 차례입니다. 피라미드섬, 얼음섬, 화산섬의 스폰포인트 시점에서 [여기서 플레이]를 클릭합니다. 데미지 파트를 설치한 부분에서 플레이어가 아래로 떨어졌을 때 제대로 기능을 하는지 확인합니다.

3-4 배경 설정하기

❶ 프로젝트 만들기 → ❷ 빌드하기 → ❸ 배경 설정하기 → ❹ 게임 출시하기

이제 마무리 작업이 남았습니다. 기본으로 설정되어 있는 배경 이미지를 바꾸고, 배경 음악을 적용해 게임의 분위기를 더 고조시켜 보겠습니다.

배경 이미지 바꾸기

현재 설정되어 있는 기본 배경은 우리가 만든 점프맵과 어울리지 않습니다. 윗부분은 하늘색이지만 아래로 갈수록 회색으로 어두워지고, 하늘에 구름 한 점도 없이 밋밋합니다. 좀 더 게임과 어울리는 이미지를 찾아 배경을 바꿔 보겠습니다.

01 [홈] 탭에서 [도구 상자]를 클릭해 창을 연 다음 [검색] 창에서 'Sky'를 검색합니다.

> **NOTE** 'Sky'는 하늘을 뜻하므로 주로 게임의 전체적인 배경에 어울리는 이미지를 찾을 때 유용한 키워드입니다.

02 적용하고 싶은 배경 이미지를 선택한 후에 그대로 뷰포트에 드래그해 가져옵니다. 우리가 만든 지형 점프맵에 어울리는 배경 이미지는 'Sunless Blue Sky'인 것 같습니다. 눈 깜짝할 사이에 게임의 전체적인 분위기가 달라진 것을 확인할 수 있습니다!

여기서 잠깐 배경 이미지를 바꾸면 오브젝트의 색도 달라질까?

로블록스 스튜디오는 배경에서 빛을 어떻게 비추냐에 따라 전체적인 게임의 색감을 자동으로 조절합니다. 배경 이미지를 바꾸면 오브젝트의 색도 조금씩 달라지는 것을 볼 수 있습니다.

| 기본 배경을 적용했을 때

| 새로운 배경을 적용했을 때

배경 음악 추가하기

게임을 테스트할 때 뭔가 심심하다는 생각이 들지는 않았나요? 게임에는 분위기를 살려주는 배경 음악이 있어야 합니다. 우리가 만든 점프맵에도 신나고 펑키한 음악을 추가해 흥을 끌어올려 봅시다.

01 화면 왼쪽에 있는 [도구 상자]에서 검색 카테고리를 [오디오]로 바꾸면 다양한 음향 효과와 음악 파일이 있습니다. 밑에 있는 [음향 효과] 탭이나 [음악] 탭 안에도 카테고리별, 장르별 오디오가 있으니 듣고 싶은 파일의 재생 버튼을 눌러 미리 들어 볼 수 있습니다.

> **NOTE** 우리가 만든 점프맵에는 'Over Hill And Dale'이라는 제목의 펑키한 음악을 선택하겠습니다. 음원의 길이가 너무 짧으면 단순하게 반복되는 느낌이 들 수 있으니 2~3분 정도 길이의 음원을 선택하는 것을 추천합니다.

02 배경 음악은 뷰포트로 바로 드래그하지 않고 [탐색기] 창을 이용합니다. [탐색기] 창의 [SoundService]를 클릭한 상태에서 앞에서 찾아 놓은 음원의 [삽입] 버튼을 클릭하면 [SoundService]의 하위 항목으로 추가된 음원을 확인할 수 있습니다.

03 삽입한 음원의 [속성] 창에서 [Playback] – [Looped]에 체크해 음악이 끝나도 반복해서 재생되도록 설정합니다. [Playing]에도 체크해 음악을 재생시키고, 마지막으로 게임을 방해하지 않도록 [Volume]을 '0.1'로 줄여 소리 크기를 조정합니다.

04 이제 배경 음악까지 모두 설정했습니다. [테스트] 탭의 [플레이] 버튼을 클릭해 게임 실행 중에 배경 음악이 잘 들리는지 확인해 보세요.

3-5 게임 출시하기

❶ 프로젝트 만들기 → ❷ 빌드하기 → ❸ 배경 설정하기 → ❹ 게임 출시하기

게임 제작이 모두 완성되었습니다. 이제 로블록스 이용자들이 내가 만든 게임을 함께 즐길 수 있도록 게임 설정을 완료하고 스토어에 출시해 봅시다. 게임을 대표하는 아이콘 및 썸네일 화면을 넣고, 출시 과정까지 함께 해보겠습니다.

01 로블록스 스튜디오의 [홈] 탭에서 [게임 설정] 버튼을 클릭하면 132쪽에서 프로젝트를 생성할 때 작성했던 [기본 정보] 내용을 확인할 수 있습니다.

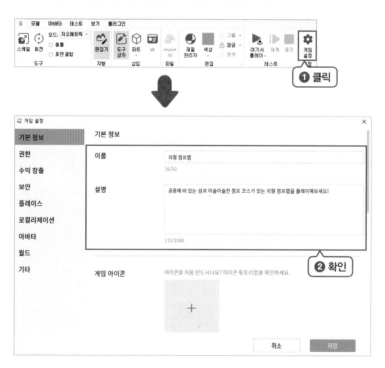

02 스크롤을 내려 [게임 아이콘]과 [스크린샷 및 비디오]의 회색 박스를 클릭하면 파일을 불러와
저장할 수 있습니다. 예제 소스의 [Chapter 3] 폴더에 있는 '아이콘.png' 파일을 [게임 아이
콘]의 회색 박스에, '썸네일.png' 파일을 [스크린샷 및 동영상]의 회색 박스에 추가합니다.

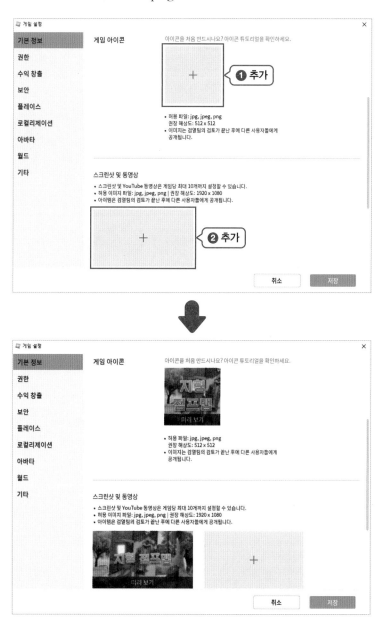

NOTE [게임 아이콘]에는 한 개의 이미지만 넣을 수 있지만, [스크린샷 및 동영상]에는 최대 10개까지 추가할 수 있습니다.

03 이제 왼쪽 메뉴의 [권한] 탭에서 '비공개'를 '공개'로 바꾸고 [저장] 버튼을 클릭합니다.

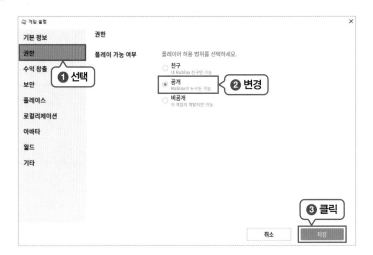

> **NOTE** 아직 개발할 것들이 남아 있다면 우선 '비공개'로 저장하고, 모두 준비된 후에 '공개'로 바꾸는 것이 좋습니다.

04 마지막으로 로블록스 스튜디오의 왼쪽 상단에 있는 [파일]에서 [Roblox에 게시]를 선택해 게임 출시를 마무리합니다.

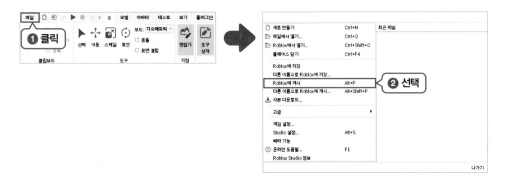

05 드디어 내가 만든 게임이 로블록스 이용자들에게 공개되었습니다. 친구들이나 가족에게 게임 링크를 공유해 함께 플레이해 보세요! 예제 소스의 [Chapter 3] 폴더에 있는 '지형점프맵_완성본.rbxl' 파일을 참고해 더 멋지게 만들어 봐도 좋습니다.

CHECKLIST
지금까지 배운 내용을 떠올리면서 결과물을 잘 만들었는지 스스로 체크해 보세요!

1	점프 코스에 있는 모든 파트를 앵커로 고정했습니다.			
2	플레이어가 충분히 뛰어 넘을 수 있는 높이로 점프 코스를 만들었습니다.			
3	스크립트를 작성하여 맵에 체크 포인트 기능을 적용했습니다.			
4	데미지 파트를 만들어 플레이어가 밑으로 떨어지면 사망하도록 설정했습니다.			

Chapter 4

다차원 드롭퍼

앞에서 우리는 스크립트 작성 없이 다양한 지형을 이용해 게임을 만드는 방법을 배웠습니다. 여기에 루아 언어 스크립트를 활용하면 플레이어의 이동 속도와 중력을 바꾸거나 장애물에 데미지 기능을 추가할 수 있습니다. 플레이어를 위협하는 무서운 장애물이 가득한 다차원 드롭퍼 게임을 만들어 봅시다.

4-1 게임 설계하기

거대한 공간에서 자유 낙하해 보신 적 있나요? 우리의 고향 행성인 지구로 가기 위해서는 다차원 공간을 누빌 수 있는 UFO를 타고 위험한 장애물을 지나쳐야 합니다. 장애물을 피해 텔레포터를 터치하면 지금 있는 공간에서 다른 차원의 공간으로 갈 수 있습니다. 먼저 게임의 방법과 규칙을 정하고 어떻게 맵을 디자인할 것인지 생각해 봅시다.

게임 기획하기

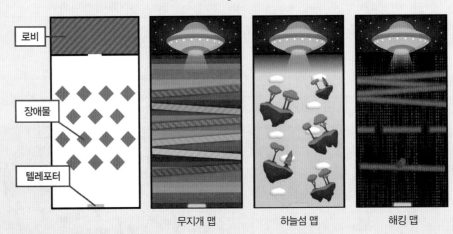

거대한 다차원 공간을 통과해 지구에 도착하라!

로비
장애물
텔레포터

무지개 맵　　　하늘섬 맵　　　해킹 맵

- **게임 방법 및 규칙**
  - 맵 꼭대기에 있는 준비 공간인 '로비'에서 UFO에 탑승합니다.
  - 위험한 장애물이 있는 3개의 다차원 공간을 통과해 결승 맵인 지구에 도착해야 합니다.
  - 움직이는 무지개 막대, 공중에 떠 있는 하늘섬, 알 수 없는 코드로 이뤄진 레이저에 충돌하면 게임이 종료됩니다.
  - 맵 끝에 있는 텔레포터를 터치하면 다음 차원의 공간으로 순간 이동할 수 있습니다.

게임 제작 순서 생각하기

다음 로드맵을 보면서 무엇을, 어떤 순서로 만들지 머릿속으로 먼저 그려 봅니다.

❶ 프로젝트 만들기

프로젝트 파일

❷ 빌드하기

무지개 맵	무지개 막대 장애물
하늘섬 맵	자연스러운 배경
해킹 맵	레이저 장애물
결승 맵	스폰포인트 설치

❸ UI, 사운드 설정하기

완료 UI

단계 변경 UI

배경 음악과 승리 사운드

❹ 스크립트 작성하기

| ServerScriptService 스크립트 | StarterPlayer 스크립트 |
| GUI 스크립트 | 장애물 스크립트 |

❺ 게임 출시하기

게임 출시

❶ 프로젝트 만들기   ❷ 빌드하기   ❸ UI, 사운드 추가하기   ❹ 스크립트 작성하기   ❺ 게임 출시하기

먼저 프로젝트 파일을 만들어 로블록스 스튜디오에 저장해야 합니다. 3장과 동일하게 예제 소스를 활용하여 로블록스 스튜디오에 저장하겠습니다. 로블록스 스튜디오에서 새 프로젝트를 만들어 저장할 수도 있습니다.

01 예제 소스의 [Chapter 4] 폴더에 있는 '다차원드롭퍼.rbxl' 파일을 더블 클릭해 엽니다.

02 로블록스 스튜디오의 상단 메뉴 바에서 [파일] – [Roblox에 저장]을 클릭합니다. [게임 저장] 대화 상자가 나타나면 게임의 이름과 설명, 크리에이터, 장르, 기기 등의 정보를 작성합니다. 여기에서는 게임의 [이름]을 '다차원 드롭퍼', [설명]을 'UFO를 타고 위험한 장애물들이 가득한 다차원 공간을 통과해 지구로 돌아오세요!'라고 작성하겠습니다. 설정이 완료되면 [저장] 버튼을 클릭합니다.

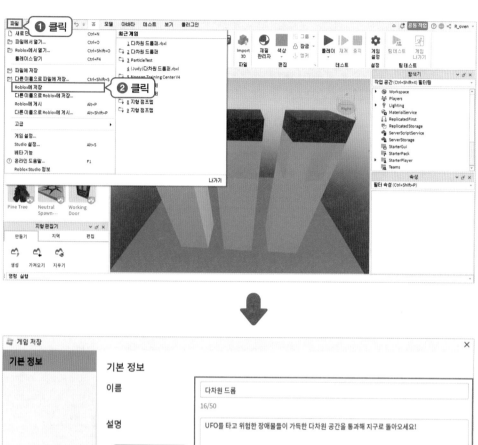

03 저장이 완료되면 새로 저장한 프로젝트가 자동으로 열립니다. 기타 세부적인 설정은 게임을 완
성하고 나서 살펴보겠습니다.

빌드하기

① 프로젝트 만들기 ② 빌드하기 ③ UI, 사운드 추가하기 ④ 스크립트 작성하기 ⑤ 게임 출시하기

다차원 드롭퍼 맵을 구현해 보겠습니다. '다차원 공간으로 꾸며진 드롭퍼'가 어떤 것인지 잘 연상되지 않을 수 있습니다. 이 책의 예제 소스에는 자유 낙하할 수 있는 수직 구조의 꾸미지 않은 드롭퍼 맵이 제작되어 있습니다. 맵 안쪽을 살펴보면 꼭대기에 낙하를 준비하는 공간인 로비가 있고, 그 아래에는 길쭉하고 무시무시한 장애물 구간, 그리고 맨 아래에는 다음 드롭퍼 맵으로 이동할 수 있는 노란색 텔레포터가 있습니다.

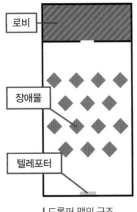

로비

장애물

텔레포터

| 드롭퍼 맵의 구조

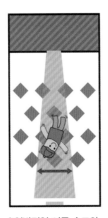

| 일반적인 이동 속도와 중력에서의 활동 범위

| 3배의 이동 속도, 1/3배 중력 상태에서의 활동 범위

로블록스 캐릭터의 이동 속도와 중력은 현실 세계와 같습니다. 이대로라면 순식간에 밑으로 떨어질 뿐만 아니라 움직일 수 있는 범위가 좁아 플레이어가 장애물을 피할 수 없을 것입니다. 게임이 잘 플레이될 수 있도록 로비에서는 이동 속도와 중력을 기본으로 유지하고, 장애물 구간에서는 이동 속도를 3배, 중력을 1/3배로 설정하겠습니다. 이렇게 하면 떨어지는 속도는 느리고, 좌우로 움직일 수 있는 범위가 넓어져 장애물을 쉽게 피할 수 있습니다. 맵의 구조와 테마가 정해졌으니 본격적으로 다차원 드롭퍼 맵을 완성해 봅시다.

STEP 1 무지개 맵 만들기

첫 번째 단계인 무지개 맵입니다. 위에서 아래로 갈수록 점점 좁아지는 구조로 만들어 맵의 난이도를 높일 수 있습니다. 빨간색 바닥부터 시작해 무지개색으로 층층이 쌓인 벽을 구현해 보겠습니다.

01 [탐색기] 창에서 [Workspace] – [Map1] 폴더를 선택하면 뷰포트에서 가장 왼쪽에 있는 맵이 표시됩니다. 맵을 확대해 맵 아래쪽에 있는 바닥 파트를 선택하고, [속성] 창의 [Appearance] – [Color]를 '196, 40, 28'로 설정해 빨간색으로 바꿉니다.

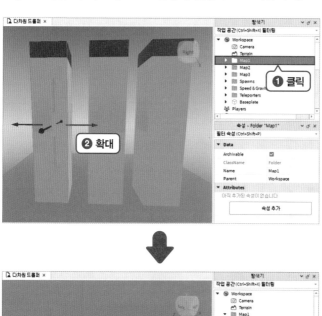

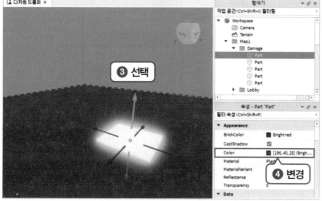

02 한 쪽의 벽면 파트를 클릭해 [속성] 창의 [Transform] – [Size]를 '250, 20, 1', [Appearance] – [Color]를 '196, 40, 28'로 바꿔 줍니다. [모델] 탭에서 [이동] 단위를 '20 스터드'로 설정하고, 바닥 면으로 크기를 줄여 높이 20 스터드의 빨간색 벽면을 만들었습니다.

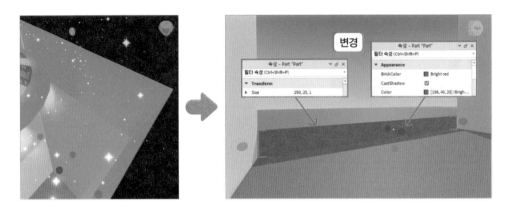

03 무지개색으로 벽면을 쌓아 올리기 위해 높이가 20인 빨간색 벽 파트를 복제하여 위로 옮기면서, 다음과 같은 색상 코드로 [속성] 창의 [Appearance] – [Color]를 바꿉니다. 총 10개의 무지개색 벽 파트를 만들었습니다.

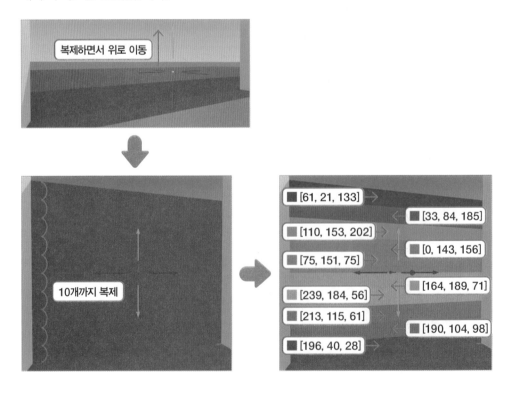

04 [탐색기] 창에서 10개의 무지개색 벽 파트를 모두 선택하고 단축키 Ctrl + G를 눌러 [모델로 그룹화]합니다. 한 쪽 벽면의 빈 공간을 모두 채우기 위해 그룹화된 무지개 벽 모델을 위로 복제하면서 옮깁니다.

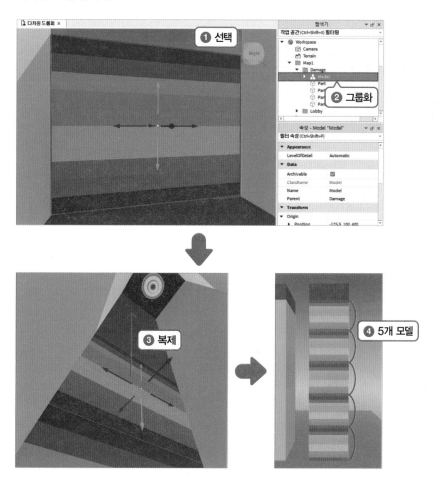

05 나머지 벽면에도 무지개색을 적용하기 위해 5개의 무지개 벽 모델을 다시 한 묶음으로 그룹화 (Ctrl + G)합니다.

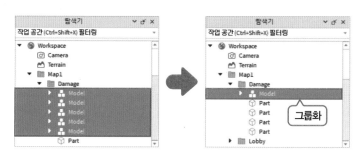

06 반대편 벽면에도 무지개 벽 모델을 세워 보겠습니다. 먼저 반대편 벽면의 [Transform] – [Origin] – [Position] 값(125.5, 500, 400)을 복사하고 삭제한 다음, 05에서 만든 무지개 벽 모델을 복제해 같은 [Position] 값을 입력합니다.

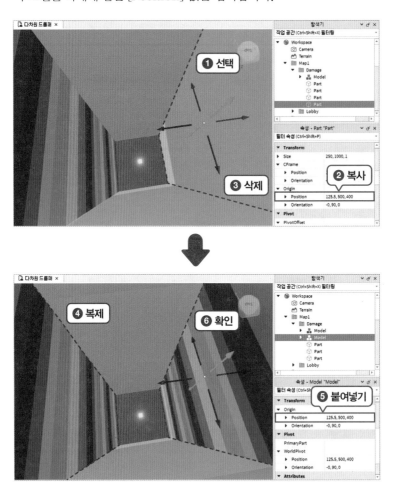

> **NOTE** 당연히 04에서 무지개 벽면으로 바꾼 모델의 위치에 따라 06에서 적용하는 [Transform] – [Origin] – [Position] 의 값이 다를 수 있습니다. 예제 소스에 있는 네 벽면의 [Position] 값은 '125.5, 500, 400', '–125.5, 500, 400', '0, 500, 274.5', '0, 500, 525.5'입니다.

07 남은 2개의 회색 벽면도 삭제하고, 2개의 무지개 벽 모델을 복제합니다. 이번에는 [회전] 툴을 클릭해 90° 회전시켜 위치를 잡아 주겠습니다.

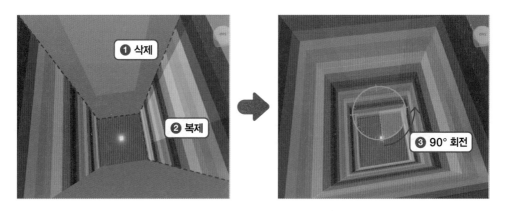

08 아래로 내려갈수록 공간이 좁아지는 깔때기 형태로 만들기 위해 [모델] 탭에서 [회전] 단위를 '5°'로 설정하고, 무지개 벽 모델 하나를 선택해 [회전] 툴을 클릭합니다.

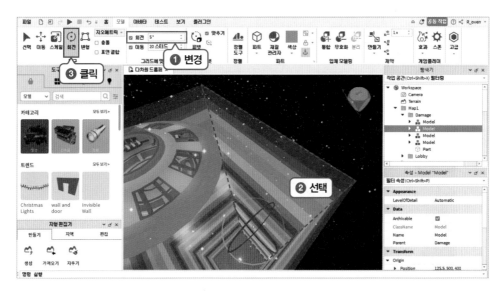

09 무지개 벽 모델을 회전시켜 벽면 아래쪽이 5° 안쪽으로 기울어지도록 설정하겠습니다. 무지개 벽 모델의 맨 위에 있는 보라색 파트와 로비 모델의 검정색 파트가 맞닿는 모서리에 마우스를 올리고 키보드에서 Tab 키를 누르면, [회전] 툴의 기준점이 모서리에 고정되는 것을 확인할 수 있습니다.

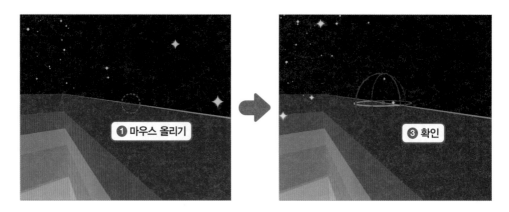

> **NOTE** 로비 모델에는 별 이펙트가 보이는 투명 파트가 있어, 뷰포트 시점이 먼 상태에서 Tab 키를 누르면 [회전] 툴의 기준점이 허공에 선택될 수 있습니다. 무지개 벽 모델 가까이로 시점을 이동해 마우스를 모서리에 올려 놓고 Tab 키를 눌러야 합니다.

10 Tab 키를 누른 상태에서 [회전] 툴을 이용해 무지개 벽 모델의 아래쪽을 5° 안쪽으로 회전시킵니다.

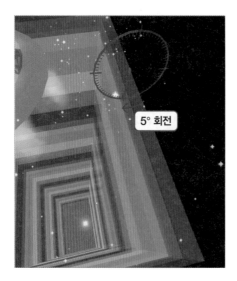

11 같은 방법으로 나머지 무지개 벽 모델 3개의 아래쪽도 5° 안쪽으로 회전시킵니다. 이제 위에서 아래로 점점 좁아지는 깔때기 모양이 된 것을 확인할 수 있습니다. 게임은 맵 공간 안에서만 진행되므로 바깥 모양이 어떻든 상관없습니다.

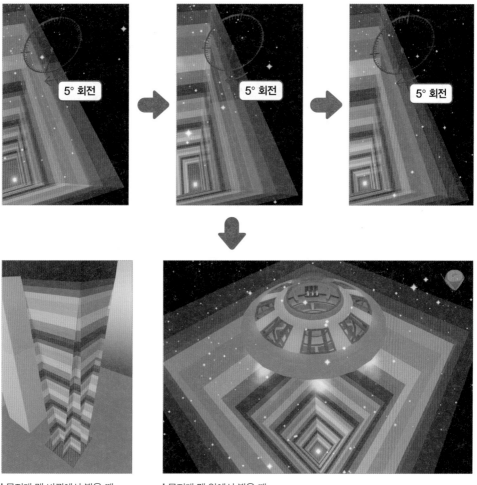

┃무지개 맵 바깥에서 봤을 때　　┃무지개 맵 안에서 봤을 때

12 무지개 벽 모델을 위쪽에서 5°씩 회전시켰기 때문에 바닥 파트와 벽 모델 사이에 약간의 틈이 생겼을 겁니다. 바닥 파트와 텔레포트 파트를 선택하고, 빈틈이 없도록 [모델] 탭의 [이동] 툴을 클릭해 '4 스터드' 위로 옮깁니다.

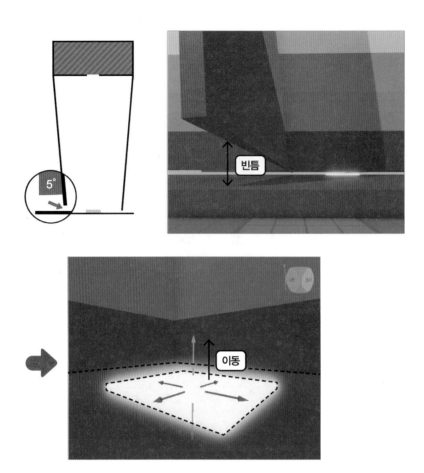

STEP 2 **무지개 맵 장애물 만들기**

이제 플레이어가 무지개 맵을 자유 낙하할 때 이동을 방해할 장애물이 필요합니다. 형형색색의 무지개 막대들이 얽히고설키도록 배치해 아래로 내려갈수록 점점 더 어렵게 만들어 보겠습니다.

01 먼저 묵직하고 길쭉한 막대 파트를 만듭니다. [모델] 탭에서 블록 파트를 생성한 다음, [속성] 창에서 [Transform] – [Size]를 '20, 20, 300'으로 변경합니다.

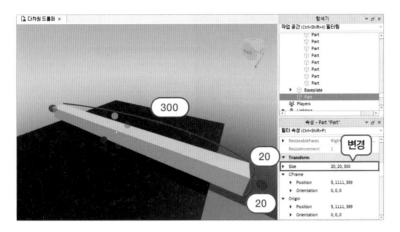

02 플레이어가 로비에 있는 UFO의 아래쪽 입구에서 내려가기 때문에 장애물이 처음부터 너무 가까이 붙어 있으면 피하기가 어렵습니다. 따라서 길쭉한 막대 장애물 파트를 다음과 같이 빨간색 벽 높이에 맞춰 배치합니다. 이동을 방해하기 위해 [회전] 툴을 선택해 막대 파트의 각도를 20° 회전시키고, [속성] 창의 [Appearance] – [Color]를 '196, 40, 28'로 변경해 빨간색으로 맞춰 주겠습니다.

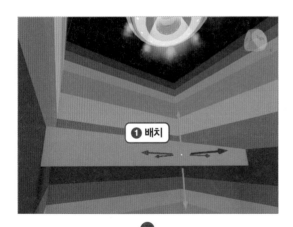

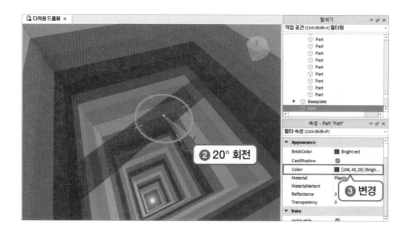

03 두 번째 장애물부터는 원하는 위치와 색깔로 자유롭게 배치합니다. '텀블링 몽키' 보드 게임처럼 반복적인 패턴 없이 장애물 파트를 설치하겠습니다.

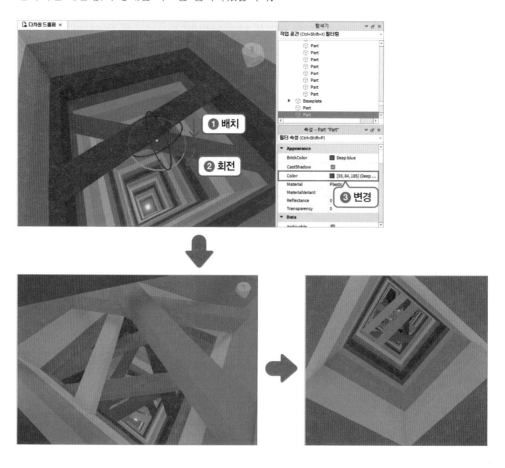

> **NOTE** 장애물들을 어떻게 배치해야 할지 모르겠다면, 예제 소스의 [Chapter 4] 폴더에 있는 '다차원드롭퍼_완성본.rbxl' 파일을 참고해 보세요!

04 마지막으로 모든 막대 파트를 클릭하고, 장애물 파트들이 같은 폴더
에서 관리될 수 있도록 [탐색기] 창의 [Workspace] – [Map1] –
[Damage] 폴더로 옮깁니다.

STEP 3 📌 하늘섬 맵 만들기

다음 단계인 하늘섬 맵을 만들 차례입니다. 이번에는 하늘에 떠 있는 섬들을 다양한 각도로 배치해
맵을 채워 보겠습니다.

01 먼저 장애물을 설치해 봅시다. 예제 소스의 [Chapter 4] 폴더에서 '하늘섬장애물.rbxm' 파일
을 뷰포트 화면으로 드래그해 가져옵니다. 하늘섬 장애물 애셋에는 6개의 하늘섬 모델과 1개
의 구름 파트가 모델로 그룹화되어 있습니다.

02 하늘섬 장애물의 위치를 잡기 위해 [탐색기] 창에서 마우스 오른쪽 버튼을 클릭해 [그룹화 해제]를 선택하고, 하늘섬 모델만 맵 안쪽으로 옮깁니다. 하늘섬의 상단이 맵의 중심으로 향하도록 회전시킵니다.

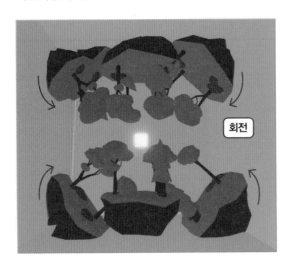

> **NOTE** 무지개 맵에서 막대 장애물을 배치했던 것처럼, 하늘섬의 아래쪽이 맵의 벽 파트를 뚫고 나가도록 배치합니다. 맵의 바깥에서 보이는 모양은 중요하지 않습니다. 하늘섬에 있는 다양한 모양의 나무들이 플레이어의 이동을 방해하기 위한 장애물이라는 점에 집중합니다.

03 [모델] 탭의 [이동] 단위를 '100 스터드'로 설정합니다. 하늘섬 모델 하나를 선택해 복제하면서 적절한 간격으로 옮깁니다. 다른 하늘섬 모델들도 복제하면서 자유롭게 배치합니다.

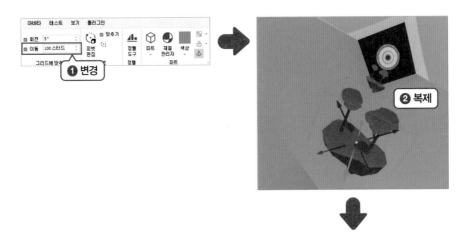

04 [모델] 탭의 [회전] 단위를 '15°', [이동] 단위를 '50 스터드'로 설정하고, 맵 중앙에도 하늘섬 모델을 설치합니다. 몇몇 하늘섬 모델은 45° 각도로 회전시켜 다양하게 꾸며 줍니다.

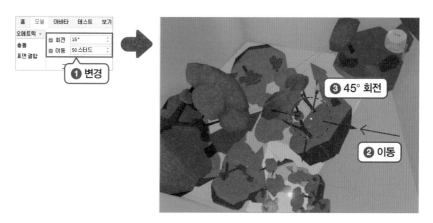

05 예제 소스에서 가져온 '하늘섬장애물.rbxm' 파일에 있던 구름 파트를 이동시켜 하늘섬 사이 사이에 배치합니다. 하늘섬의 분위기가 한껏 살아났습니다.

자연스러운 배경 만들기

게임을 플레이할 때 하늘섬 맵의 모서리가 각이 져 있어서 하늘이라기보다는 하늘색 박스나 터널처럼 느껴질 수 있습니다. 맵 안쪽에 박스를 추가해 배경이 좀 더 자연스럽게 보이도록 만들겠습니다.

01 예제 소스의 [Chapter 4] 폴더에서 '스카이박스.rbxm' 파일을 뷰포트 화면으로 드래그해 가져옵니다. 가져온 'Skybox' 메시 파트는 일반 블록 파트와 다르게 윗면이 없고, 모든 모서리들이 각이 져 있지 않아 부드러운 것을 볼 수 있습니다. 3D 모델링 소프트웨어에서 일반 블록 파트를 편집한 메시 파트입니다.

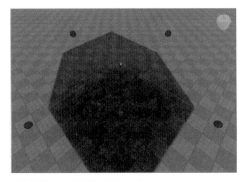 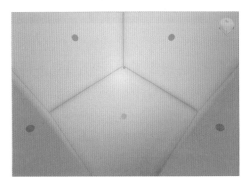

| 일반 블록 파트를 안에서 봤을 때 | Skybox 메시 파트를 안에서 봤을 때

02 [모델] 탭에서 [이동] 단위를 '1 스터드'로 설정하고, 스카이박스 파트를 하늘섬 맵의 바닥 파트 위로 이동시켜 [속성] 창의 [Transform] – [Size]를 '250, 30, 250'으로 맞춥니다.

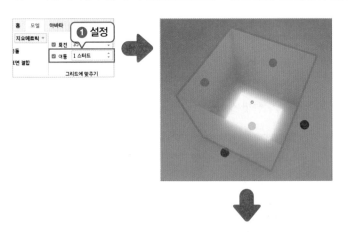

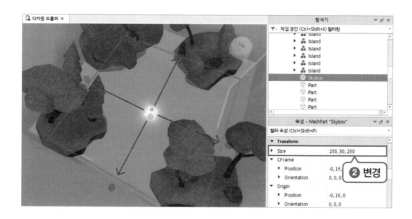

03 [스케일] 툴을 클릭해 스카이박스 파트의 높이를 맵 위에 있는 검정색 로비의 벽 파트까지 늘립니다.

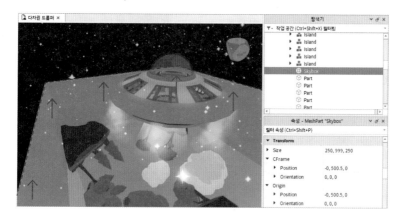

> **NOTE** 벽 파트와 스카이박스 파트가 서로 맞닿아 겹쳐져도 당황하지 마세요! 일단 스카이박스 파트로 맵 전체를 채우고, 벽 파트들을 투명하게 바꿔 하늘색으로 보이도록 설정할 겁니다.

04 [탐색기] 창에서 [Map2] – [Damage] 안에 있는 모든 벽, 바닥 파트를 선택하고, [속성] 창의 [Appearance] – [Transparency]를 '1'로 변경해 투명하게 바꿉니다. 뷰포트에서 하늘섬 맵의 바깥을 둘러보면서 원래 있던 벽과 바닥 파트가 투명하게 설정됐는지 확인합니다.

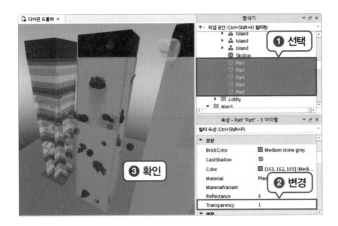

여기서 잠깐 스카이박스 파트를 삭제하지 않고 투명하게 만든 이유

하늘섬 맵의 배경을 부드럽게 만들어 준 스카이박스 파트는 이미
CanCollide 속성이 비활성화되어 있어서 플레이어가 통과할 수
있습니다. 스카이박스 파트의 CanCollide 속성을 비활성화하지
않으면, 플레이어가 로비 벽까지 늘려 놓은 스카이박스를 통과하
지 못하고 UFO 입구에 바로 착지하게 됩니다.

스카이박스를 삭제하지 않고 투명하게 남겨 두는 이유가 여기에
있습니다. 스카이박스 파트를 통과할 수 있도록 설정하더라도 플
레이어가 맵의 바깥으로 나가지 않도록 하기 위해 벽 파트를 삭제
하지 않고 투명하게 두는 것입니다.

05 하늘섬의 콘셉트에 맞게 [탐색기] 창에서 'Skybox' 파트를 선택하고, [속성] 창의 [Appearance]
– [Color]를 '175, 221, 255'로 변경합니다. 자연스러운 하늘색 배경이 완성되었습니다.

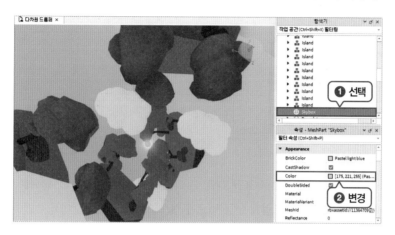

06 마지막으로 [탐색기] 창에서 하늘섬 맵에 있는 모든 'Island' 모델과 'Skybox' 파트를 [Map2]
– [Damage] 폴더로, 모든 'Cloud' 파트를 [Damage] – [Clouds] 폴더로 옮겨 정리합니다.

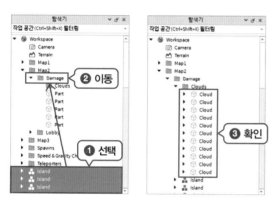

STEP 5 | 해킹 맵 만들기

'해킹'이라는 단어를 들으면 어떤 모습이 생각나나요? 검은 컴퓨터 화면에 빠르게 초록색 코드를 입력
하고 있는 해커의 모습이 떠오릅니다. 해킹 맵에는 한 쪽으로 코드가 작성되듯 초록색 코드들이 흘러
내려가는 이펙트와 위험해 보이는 빨간색의 레이저 장애물을 넣어 보겠습니다.

01 [탐색기] 창에서 [Map3] 폴더를 선택하고 F 키를 눌러 뷰포트 화면을 세 번째 맵으로 이동합니다. 해킹 맵의 검은색 배경은 부드럽게 만들 필요가 없으므로 기본 템플릿에서 색만 바꿔 보겠습니다. 벽 파트와 바닥 파트를 모두 선택하고, [속성] 창의 [Appearance] – [Color]를 '0, 0, 0'으로 변경합니다.

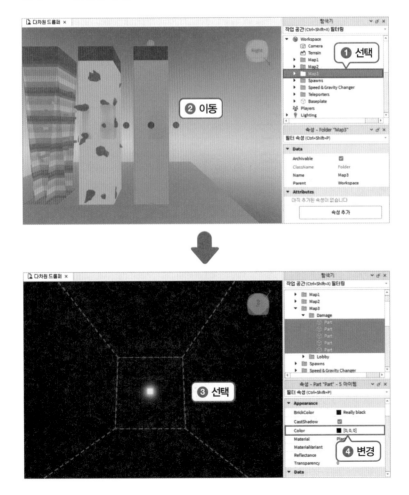

02 벽면에 초록색 코드가 흘러 내려가는 모션을 넣기 위해 예제 소스의 [Chapter 4] 폴더에서 '코드이펙트.rbxm' 파일을 드래그해 가져옵니다. 초록색 코드 이펙트가 있는 정사각형의 파트를 한 쪽 벽 앞에 올려 놓습니다.

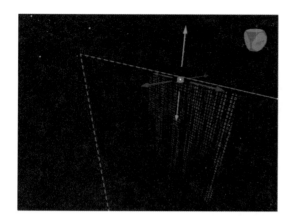

03 초록색 코드 이펙트가 있는 파트는 'Attachment(부착물)'로, 시작하는 지점과 끝나는 지점을 지정하여 원하는 길이로 편집할 수 있습니다. [탐색기] 창에서 코드 이펙트 파트인 'BeamPart'의 하위에 있는 'Attachment_End'를 선택하고, [이동] 툴을 이용해 부착물의 끝선을 바닥 파트까지 늘립니다.

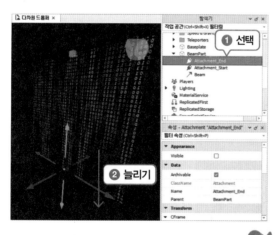

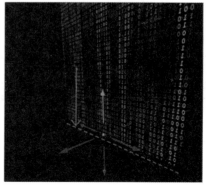

04 [탐색기] 창에서 코드 이펙트 파트 하위에 있는 'Beam'을 선택하고, [속성] 창의 [Appearance] – [TextureLength]와 [Shape] – [Width0], [Width1]을 '250'으로 설정해 벽 파트와 크기를 맞춰 줍니다.

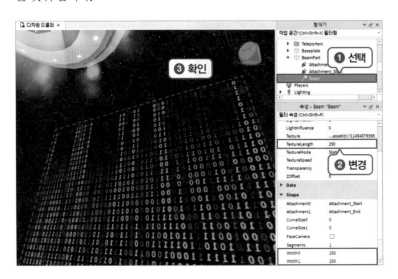

05 나머지 벽에도 코드 이펙트 파트를 복제해 설치하겠습니다. 코드 이펙트가 흘러 내리고 있는 정사각형 파트의 크기가 '1, 1, 1'이므로 [모델] 탭에서 [이동] 단위를 '1 스터드'로 설정하고, 복제한 파트를 반대편 벽에 닿도록 옮깁니다.

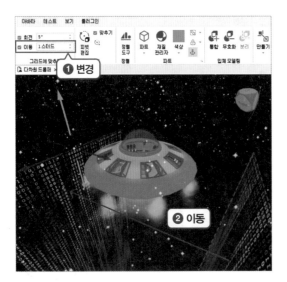

06 옆쪽 벽에는 코드 이펙트 파트를 복제해 [모델] 탭의 [회전] 툴로 90˚ 회전시켜 옮겨 줍니다. **06** 단계를 반복해 마지막 벽에도 동일하게 설치합니다.

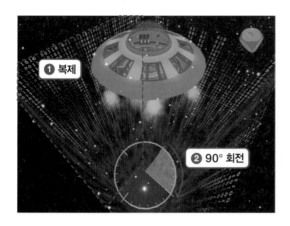

07 바닥에도 적용해 보겠습니다. 이펙트 파트를 복제하고 90˚로 눕혀서 바닥 파트 위로 옮깁니다. [탐색기] 창에서 복제한 코드 이펙트 파트 'BeamPart'의 하위에 있는 'Attachment_End'를 선택하고, [이동] 툴을 이용해 부착물의 끝선을 바닥 파트 크기에 맞춰 줍니다.

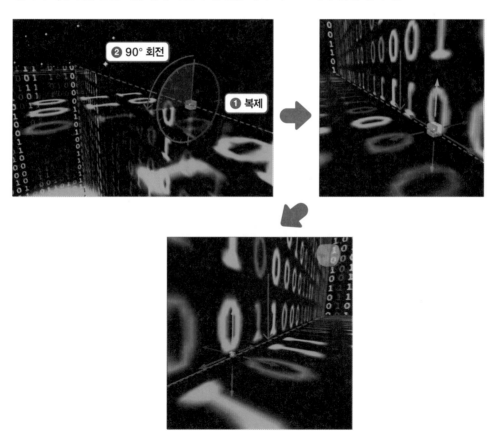

08 맵에서는 초록색 코드 이펙트만 보이고 정사각형의 파트들은 보이지 않도록 바꾸겠습니다. [탐색기] 창에서 5개의 'BeamPart'를 모두 선택하고, [속성] 창의 [Appearance] − [Transparency]를 '1'로 설정해 투명하게 바꿉니다.

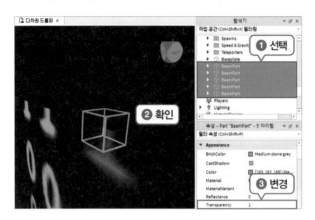

STEP 6 ▶ 해킹 맵 장애물 만들기

이제 해킹 맵 안을 움직이는 위험한 레이저 장애물을 만들 차례입니다. 다차원 드롭퍼 게임의 마지막 단계인 맵이므로 더 통과하기 어렵게 만들어 보겠습니다.

01 예제 소스의 [Chapter 4] 폴더에서 '레이저장애물.rbxm' 파일을 드래그해 가져와 해킹 맵 바깥에 놓습니다. 1개의 원통 레이저 파트와 구멍 뚫린 레이저 모델을 확인할 수 있습니다.

02 가장 두꺼운 원통 레이저 파트를 먼저 배치해 보겠습니다. 장애물을 맵 중앙에 맞춰 배치하기 위해 맵 위에 있는 'UFO' 모델의 [속성] 창에서 [Transform] – [Origin] – [Position] 값인 '–0, 995, –400'을 복사하고, 원통 레이저 파트의 동일한 [Position] 값에 붙여 넣어 UFO 아래로 옮깁니다.

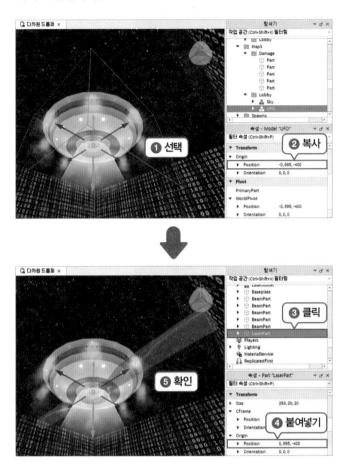

03 거미줄 같은 레이저 장애물 구간을 만들기 위해 원통 레이저 파트를 복제해 양쪽에 배치합니다.

04 양쪽에 배치한 원형 레이저 파트 아래로 레이저 파트 여러 개를 복제한 다음, 마구잡이로 위치를 옮기고 회전시켜 플레이어가 통과하기 어렵게 배치합니다.

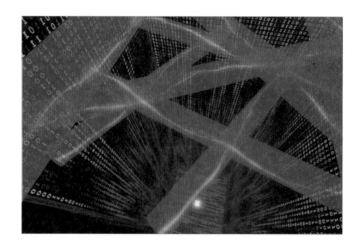

05 원형 파트의 각도와 위치를 다양하게 만들면서 다음과 같이 원형 레이저 파트와 벽 파트 사이 공간이 남는다면, [메뉴] 탭의 [스케일] 툴을 이용해 레이저 파트의 길이를 조금씩 늘려 줍니다.

06 02와 동일하게 구멍 뚫린 레이저 모델도 맵 중앙에 맞춰 배치하기 위해 UFO 아래로 위치를 옮깁니다. 엉켜 있는 레이저 장애물 구간 밑에 구멍 뚫린 레이저 장애물 구간이 배치되도록 맵 아래로 이동시킵니다.

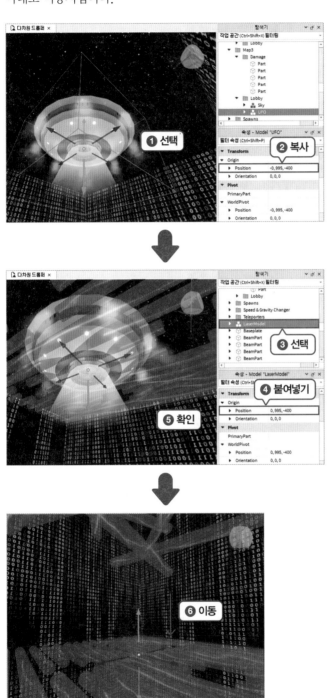

07 이제 구멍 뚫린 레이저 장애물 구간을 지나 움직이는 레이저 파트 구간을 만들겠습니다. 엉켜 있는 레이저 파트 중 회전시키지 않은 레이저 파트 하나를 복제합니다. 동일하게 맵 중앙의 UFO 아래에 배치되도록 옮긴 후, 맵 아래쪽의 남는 공간으로 이동시킵니다.

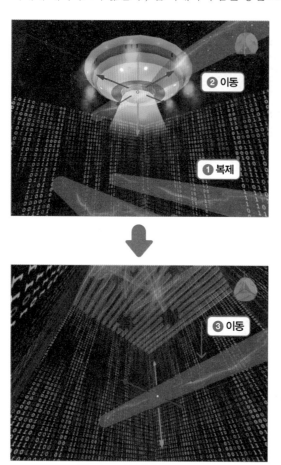

08 07에서 이동시킨 레이저 파트와 간격을 두고 움직이는 레이저 장애물 구간을 만들겠습니다. 레이저 파트를 복제하고 아래쪽으로 이동해 90° 회전시킵니다.

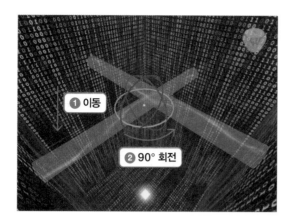

09 07에서 만든 레이저 파트가 양쪽 벽의 끝에서 끝으로 움직이도록 만들기 위해, 먼저 한 쪽 벽 앞에 붙입니다.

10 위쪽에 있는 레이저 파트의 이름을 'MovingLaser', 그 아래에 있는 레이저 파트의 이름을 'RotatingLaser'로 변경해 구분합니다.

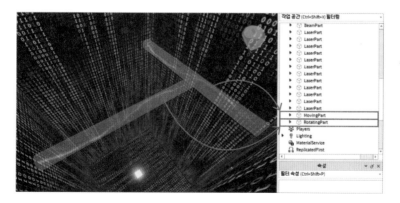

11 마지막으로 [탐색기] 창에서 초록색 코드 이펙트 파트와 레이저 장애
물 파트를 모두 선택하고, [Map3] – [Damage] 폴더로 옮겨 정리합
니다.

모든 맵이 완성되었습니다. UFO를 타고 다차원 드롭퍼를 무사
히 통과한 플레이어는 이제 지구로 돌아가게 되었습니다. 지구
로 돌아간 UFO를 표현하기 위해 하늘에 떠 있는 UFO 아래로
지구를 상징하는 지형이나 건축물을 만들어 보겠습니다.

01 예제 소스의 [Chapter 4] 폴더에서 '결승맵템플릿.rbxm'을 뷰포트 화면으로 가져와 해킹 맵
옆에 놓습니다.

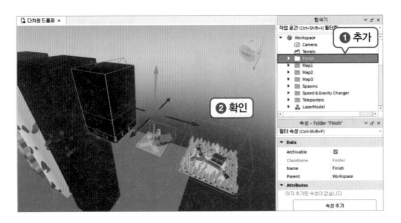

02 검은색 배경의 결승 맵 안을 들여다 보면, 기울어져 날아가는 듯한 느낌을 주는 UFO와 초록색 나무, 잔디로 둘러쌓인 놀이터의 모습을 확인할 수 있습니다.

03 결승 맵 바깥에는 잔디와 축사로 꾸며진 목장과 하얀 눈이 내리는 오두막 템플릿도 있습니다. 결승 맵을 다른 콘셉트로 꾸미고 싶다면 [탐색기] 창에서 [Finish] 폴더에 있는 'Playground Map' 모델을 삭제하고, 다른 모델을 선택해 맵 안쪽으로 옮기면 됩니다.

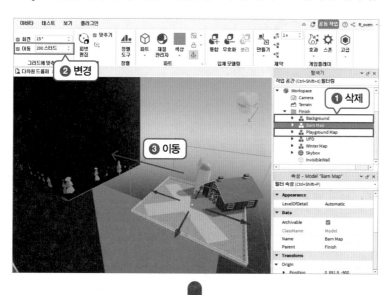

NOTE 놀이터를 둘러싸고 있는 숲은 [탐색기] 창에서 [Finish] 폴더에 있는 'Background' 모델이므로, 만약 하얗게 눈 덮인 나무로 둘러쌓인 겨울 오두막 모델을 적용하고 싶다면 'Playground Map' 뿐만 아니라 'Background' 모델까지 지우고 옮겨야 합니다. 주어진 템플릿을 적용하거나 새로운 지형, 건축물을 추가해 나만의 결승 맵을 꾸며 보세요!

STEP 8 스폰포인트 설치하기

플레이어가 처음 게임을 시작하거나 플레이 도중에 장애물에 부딪혀 죽으면 설치되어 있는 스폰포인트에서 게임을 다시 시작하게 됩니다. 예제 소스에서 가져온 '다차원드롭퍼.rbxl' 파일에는 이미 [탐색기] 창의 [Workspace]에 [Spawns] 폴더가 설치되어 있습니다. [Spawns] 폴더에 있는 'Spawn1', 'Spawn2', 'Spawn3'는 순서대로 무지개 맵, 하늘섬 맵, 해킹 맵의 UFO 안에 설치되어 있는 스폰포인트입니다. 결승 맵에도 스폰포인트를 설치해 다차원 드롭퍼 맵을 완성해 보겠습니다.

01 [탐색기] 창에서 결승 맵인 [Finish] 폴더 하위에 있는 'Playground Map'을 선택하고, [속성] 창의 [Transform] – [Origin] – [Position] 값을 복사해 둡니다. 다음으로 [탐색기] 창의 [Spawns] 폴더에 있는 'Spawn3'를 복제하고, [속성] 창의 [Position] 값에 붙여 넣습니다.

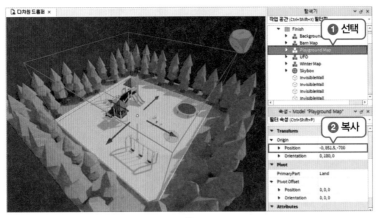

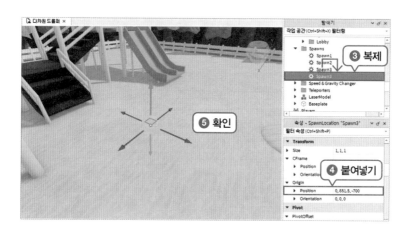

NOTE 'Playground Map'의 [Position] 값은 예제 소스에서 가져온 '결승맵템플릿.rbxm'의 결승 맵 위치를 어디로 잡았는지에 따라 달라질 수 있습니다. 위 [Position] 값과 다르더라도 놀라지 마세요!

02 플레이어가 게임을 다시 시작했을 때 결승 맵 바닥에 겹쳐진 채로 시작하지 않도록 복제한 'Spawn3'의 위치를 '5 스터드' 위로 옮깁니다. 해킹 맵의 스폰포인트와 혼동되지 않도록 이름을 'Finish'로 변경하겠습니다.

❶ 프로젝트 만들기   ❷ 빌드하기   ❸ UI, 사운드 추가하기   ❹ 스크립트 작성하기   ❺ 게임 출시하기

모든 드롭퍼 맵을 무사히 통과해 결승 맵에 도착했으니, 이제 화면에 성공을 알리는 완료 문구와 게임의 스테이지를 변경할 수 있는 UI 버튼을 만들어 보겠습니다. 완료 문구에 어울리는 배경 음악과 승리의 사운드를 넣어 주면 완성입니다.

완료 UI 추가하기

완료 문구 UI만으로는 심심합니다. 완료 문구에 UFO 그림과 다양한 이미지를 함께 넣어 플레이어가 지구에 도착한 것을 축하해 보겠습니다.

01 이미 우리가 생성한 프로젝트에는 [StarterGui] – [ScreenGui]가 추가되어 있습니다. 예제 소스의 [Chapter 4] 폴더에서 '완료UI.rbxm' 파일을 드래그해 가져온 다음, 추가된 'Complete' UI를 [ScreenGui] 폴더로 옮깁니다.

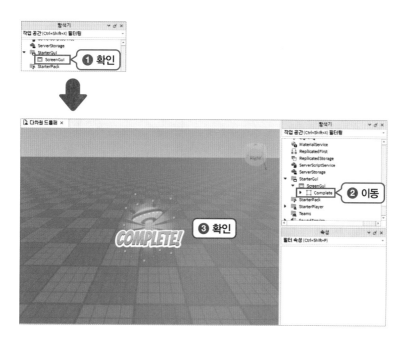

NOTE 뷰포트 화면으로 파일을 가져오면 [탐색기] 창의 [Workspace]에 추가되므로 직접 [ScreenGui] 폴더 안으로 옮겨야 합니다. 화면에 표시되는 그래픽을 관리하는 [StarterGui] 항목에 대한 내용이 기억나지 않는다면 73쪽에서 다시 한 번 확인해 보세요!

02 완료 UI를 살펴보면 'COMPLETE!' 텍스트와 UFO, 빛, 행성 등의 여러 이미지 라벨들이 있습니다. 텍스트에는 UIGradient(색 그라데이션)이나 UIStroke(테두리)와 같이 UI의 부속으로 들어가는 속성들도 포함되어 있습니다.

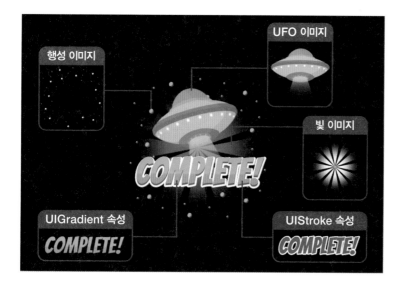

'COMPLETE!' 텍스트 라벨 뒤에 있는 UFO, 행성, 빛 이미지는 다른 이미지로도 교체할 수 있습니다. [탐색기] 창의 [ScreenGui] – [Complete]에 있는 'Shining' 이미지 라벨을 다른 이미지로 바꿔 보겠습니다.

[보기] 탭의 [애셋 관리자(⊡)] 창을 열고 불러오기 버튼(⬆)을 눌러 예제 소스의 [Chapter 4] 폴더에서 '은하수.png' 파일을 가져옵니다. [애셋 관리자] 창에 추가된 '은하수' 이미지를 마우스 오른쪽 버튼으로 클릭하면 [ID를 클립보드로 복사]할 수 있습니다. 다시 [탐색기] 창에서 교체하고자 하는 이미지 라벨 'Shining'을 선택하고, [속성] 창에서 [Image] – [Image]를 복사한 ID로 변경하면 빛 이미지가 은하수 이미지로 바뀌는 것을 확인할 수 있습니다.

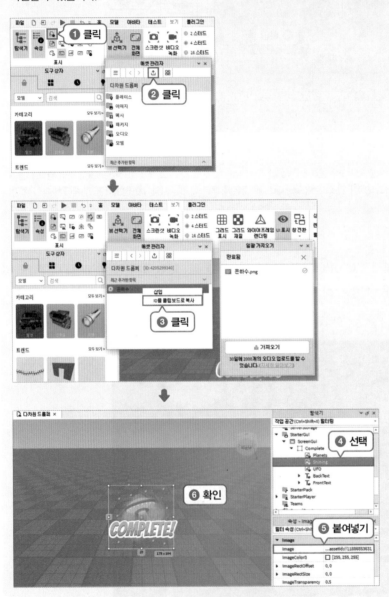

03 이미지 라벨의 크기는 [속성] 창에서 자유롭게 조절할 수 있습니다. [탐색기] 창에서 'Shining' 이미지 라벨을 선택하고, [속성] 창에서 [Data] – [Size]의 더보기 버튼(▼)을 클릭합니다. [X]의 [Scale] 값을 '1.25', [Y]의 [Scale] 값을 '1'로 변경해 은하수 이미지의 크기가 알맞게 변경된 것을 확인합니다.

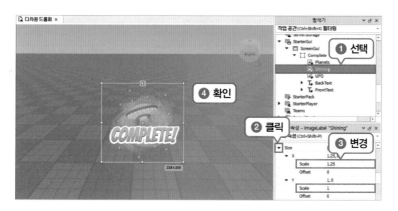

여기서 잠깐 **UI의 크기 범위(Scale)를 설정하는 방법**

UI의 크기는 부모 UI의 크기에 비례하여 범위(Scale)를 설정할 수 있습니다. 예를 들어 다음과 같은 하얀색 틀 모양의 'Frame' UI에서 [X]와 [Y]의 [Scale] 값이 '1'이면 부모 UI인 [ScreenGui]의 크기에 비례해 뷰포트 화면의 전체를 채울 수 있습니다. 또한 [X]와 [Y]의 [Scale] 값이 '0.5'이면 뷰포트 화면의 반만 채울 수 있게 됩니다. 이 크기의 범위는 UI의 위치 속성에도 똑같이 적용됩니다.

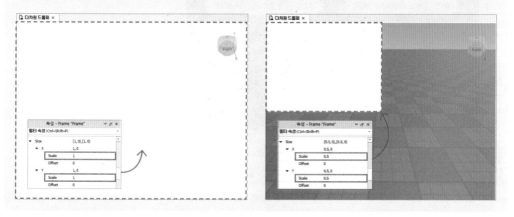

단계 변경 UI 추가하기

단계 변경 UI는 게임의 이전 스테이지로 이동하거나 다음 스테이지로 이동하는 버튼, 그리고 현재 플레이어가 어떤 스테이지에 있는지를 나타내는 텍스트로 구성됩니다. 화면의 중앙 하단에 단계 변경 UI를 추가하여 게임의 완성도를 높여 보겠습니다.

01 예제 소스의 [Chapter 4] 폴더에서 '단계변경UI.rbxm' 파일을 드래그해 가져와 [탐색기] 창의 [StarterGui] – [ScreenGui] 폴더로 옮기면, 화면 하단에 UI가 표시되는 것을 확인할 수 있습니다.

02 단계 변경 UI는 이전 스테이지 및 다음 스테이지로 이동하는 화살표 버튼과 현재 스테이지를 나타내는 번호 텍스트로 표현하였습니다. 완료 문구 UI의 스타일에 맞춰 'UIGradient'와 'UIStroke' 속성을 사용하고 있습니다.

03 단계 변경 UI는 마지막 결승 맵에 도착했을 때 게임 화면에 표시되는 UI이므로 결승 맵에 도착하기 전에는 보이지 않도록 표시를 해제해 둬야 합니다. [탐색기] 창에서 [StarterGui] – [ScreenGui] 폴더에 있는 이미지 라벨 'Complete'와 'StageChange'를 선택하고, [속성] 창에서 [Data] – [Visible] 체크박스를 클릭하여 해제합니다.

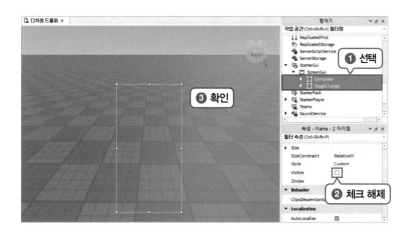

배경 음악과 사운드 이펙트 추가하기

배경 음악과 사운드 이펙트는 게임의 재미를 높이는 필수 요소입니다. 각각의 드롭퍼 맵에 어울리는
배경 음악과 결승 맵에서 나올 승리의 사운드 이펙트를 찾아 봅시다.

01 뷰포트 왼쪽에 있는 [도구 상자] 창에서 검색 카테고리를 [오디오]로
바꾸고, [음악] 탭을 클릭합니다.

02 다차원 드롭퍼는 맵을 낙하하면서 장애물을 피해 목표 지점까지 도달하는 게임이므로 도전적
이고 열정적인 배경 음악이 잘 어울릴 것 같습니다. 검색하고자 하는 음악의 장르를 '일렉트로
닉'이나 '팝'으로 설정하여 맵에 어울리는 음악을 찾습니다. 결승 맵에 도착했을 때 나타날 완료
UI와 어울리는 사운드 이펙트도 찾아 [삽입] 버튼을 클릭합니다.

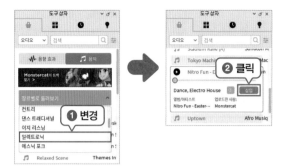

> **NOTE** 책에서 사용한 음원들을 참고해 맵에 어울리는 배경 음악과 사운드 이펙트를 설정해 보세요!
> • 무지개 맵: Nitro Fun – Easter Egg   • 하늘섬 맵: VIP Me (a)   • 해킹 맵: Final Boss (a)
> • 결승 맵: Lounge Lizard 60 B   • 완료 사운드 이펙트: "Winning Streak" "Star Prize"

03 삽입한 음악은 [탐색기] 창에서 확인할 수 있습니다. 무지개 맵은 'Stage1', 하늘섬 맵은 'Stage2', 해킹 맵은 'Stage3', 결승 맵은 'Finish', 완료 사운드는 'Win'으로 음악 파일의 이름을 바꿔 구분합니다. 모든 사운드를 클릭해 게임의 소리 파일을 관리하는 [SoundService] 폴더로 옮겨 폴더를 정리합니다.

4-5 스크립트 작성하기

❶ 프로젝트 만들기 ❷ 빌드하기 ❸ UI, 사운드 추가하기 ❹ 스크립트 작성하기 ❺ 게임 출시하기

지금까지 만든 맵과 장애물을 사용하기 위해서는 각각에 맞는 스크립트를 적용해야 합니다. 게임을 실행하는 데 필요한 스크립트를 기준으로 나누어 살펴보겠습니다.

❶ **ServerScriptService 스크립트** | 게임의 전반적인 규칙이나 구동을 적용하는 ServerScriptService 스크립트를 작성해 모든 플레이어에게 동일한 규칙을 설정합니다.

❷ **StarterPlayer 스크립트** | 게임을 실행하는 플레이어마다 다르게 적용되어야 하는 체크 포인트의 이동 지점이나 이동 속도, 중력, 사운드 등을 관리할 수 있는 StarterPlayer 스크립트를 작성합니다.

❸ **GUI 스크립트** | 플레이어가 현재 실행하고 있는 맵의 단계와 이동 기능을 표시하는 GUI 스크립트를 작성합니다.

❹ **장애물 스크립트** | 마지막으로 각 맵의 장애물에 데미지와 움직임을 적용하는 스크립트를 작성해 게임에 필요한 모든 기능을 구현해 보겠습니다.

ServerScriptService 스크립트 작성하기

모든 플레이어들에게 적용되어야 하는 규칙과 기능을 스크립트에 작성해 보겠습니다. 먼저 플레이어가 맵의 단계를 기억해, 게임에 처음 접속하거나 게임이 중간에 종료됐을 때 가장 최근의 스폰포인트에서 시작하게 만드는 체크 포인트 스크립트를 생성합니다. 또 플레이어가 각 맵에 설치되어 있는 스폰포인트를 밟으면 그 스테이지(단계)에 맞는 배경 음악과 UI가 연결될 수 있도록 스크립트를 작성하겠습니다.

체크 포인트 스크립트는 170쪽 3장의 지형 점프맵 게임을 빌드할 때 **STEP 7** 스폰포인트 지정하기에서 사용했던 예제 소스와 동일한 스크립트를 사용합니다.

01 [탐색기] 창에서 [ServerScriptService] 폴더에 [Script]를 추가합니다.

02 예제 소스의 [Chapter 4] 폴더에 있는 '체크포인트.lua' 파일을 열고 Ctrl + A, Ctrl + C 단축키를 눌러서 전체 텍스트를 복사합니다. [Script] 창에 기본으로 작성되어 있는 내용을 삭제하고, 복사한 텍스트를 붙여 넣습니다.

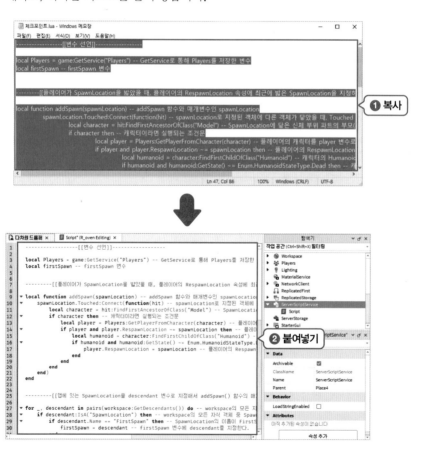

03 앞에서 우리가 각 맵마다 설치했던 스폰포인트의 이름은 'Spawn1', 'Spawn2', 'Spawn3'입니다. 플레이어가 게임에 접속해 처음 게임을 시작하는 곳(firstSpawn)은 무지개 맵의 스폰포인트 'Spawn1'이어야 합니다. 스크립트의 29번 행에서 'firstSpawn'으로 'Spawn1'을 지정하고 있는 것을 확인할 수 있습니다.

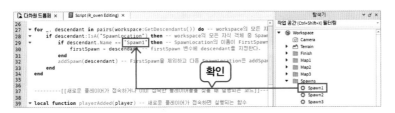

04 작성되어 있는 스크립트의 7~22번 행에는 플레이어가 스폰포인트를 밟았을 때, 플레이어의 속성에 최근에 밟은 스폰포인트의 이름을 지정하는 내용이 있습니다. 이 스크립트를 통해 게임 도중에 플레이어가 죽더라도 가장 최근에 밟은 스폰포인트에서 다시 게임을 시작하도록 설정할 수 있습니다.

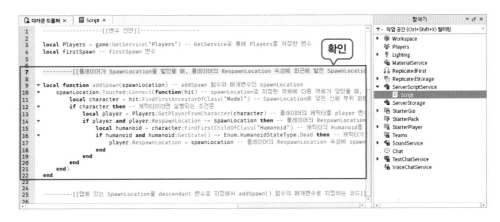

> **NOTE** 예제 소스에 있는 스크립트의 내용을 모두 설명하지는 않지만, 작성된 코드를 살펴보며 스크립트가 어떤 구조로 작성되었는지 이해해 보세요!

05 [탐색기] 창의 [ServerScriptService] 폴더에 추가한 [Script]의 이름을 'Checkpoint'로 변경해 정리합니다.

06 이제 [테스트] 탭에서 [플레이] 버튼을 눌러, 처음 게임을 시작할 때 첫 번째 맵인 무지개 맵의 로비에서 시작하도록 지정되었는지 확인합니다.

> **NOTE** 무지개 맵의 스폰포인트(시작점) 외에 최근에 밟은 스폰포인트에서 다시 게임을 시작하는지는 나머지 텔레포트와 장애물 기능을 설정하는 스크립트를 작성해야 확인할 수 있습니다. 조금만 기다려 주세요!

STEP 2 스테이지 스크립트

플레이어가 맵을 이동할 때 지정한 배경 음악과 단계 변경 GUI를 적용하려면 플레이어가 밟은 스폰포인트의 이름을 다른 스크립트로 전달해야 합니다. 이때 필요한 것이 RemoteEvent입니다.

01 [탐색기] 창의 [ReplicatedStorage] 폴더에 [RemoteEvent]를 추가하고, 이름을 'StageEvent'로 변경합니다. 체크 포인트 스크립트를 작성할 때와 동일하게 [ServerScriptService] 폴더에 [Script]를 추가한 다음, 'Stage'로 이름을 변경해 정리합니다.

여기서 잠깐 RemoteEvent 복습하기

124쪽 2-8절에서 배웠 듯이, RemoteEvent는 서버와 클라이언트(플레이어) 간에 메시지를 전달하는 객체입니다. 스크립트에서 서버의 [Script]와 클라이언트의 [LocalScript]를 연결하도록 작성하면 서로 간에 신호를 보낼 수 있습니다. 이때, 서버와 클라이언트에 모두 연결되는 [ReplicatedStorage]에 Event가 있어야 서로 통신을 할 수 있습니다.

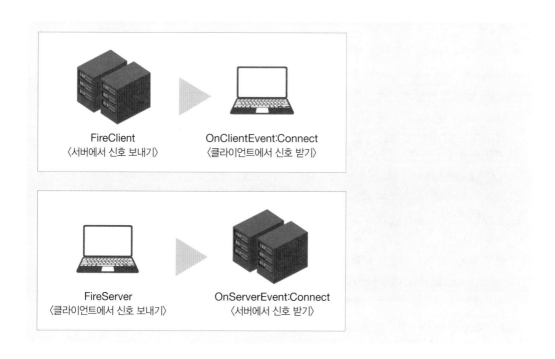

FireClient
〈서버에서 신호 보내기〉

OnClientEvent:Connect
〈클라이언트에서 신호 받기〉

FireServer
〈클라이언트에서 신호 보내기〉

OnServerEvent:Connect
〈서버에서 신호 받기〉

02 [탐색기] 창에서 [Stage] 스크립트를 더블 클릭하여 스크립트 창을 띄운 후 다음과 같이 작성
합니다.

스크립트	스테이지 이름 전달하기	Stage

```lua
1   local StageEvent = game.ReplicatedStorage.StageEvent
2   local Players = game:GetService("Players")
3   local Stage
4
5   for i, child in pairs(game.Workspace.Spawns:GetChildren()) do
6       child.Touched:Connect(function(part)
7           if Stage ~= child.Name then
8               local Player = Players:GetPlayerFromCharacter(part.Parent)
9               Stage = child.Name
10              StageEvent:FireClient(Player,child.Name)
11          end
12      end)
13  end
```

1: [ReplicatedStorage] 폴더에 생성한 'StageEvent'를 변수 StageEvent에 저장합니다.

2: 'Players' 서비스를 Players 변수에 저장합니다.

3: Stage 변수를 만듭니다.

5: 변수 i에는 테이블의 인덱스 번호를 저장하고, 변수 child에는 스폰포인트의 이름을 저장합니다. [Spawns] 폴더에 있는 모든 스폰포인트를 GetChildren() 함수와 for 반복문을 이용하여 탐색합니다.

> **NOTE** GetChildren() 함수는 선택한 폴더 또는 오브젝트의 자식 객체 목록을 테이블의 배열 형식으로 반환해 주는 함수입니다. 폴더 안의 모든 스폰포인트를 배열 형식으로 지정해 반복문을 실행할 수 있도록 돕습니다.

6: 플레이어가 [Spawns] 폴더에 저장되어 있는 스폰포인트 중 하나와 충돌하면(Touched) 함수를 실행시킵니다.

7: 만약 Stage 변수에 저장된 값과 충돌한 스폰포인트의 이름이 다르면 조건문을 실행합니다.

> **NOTE** 플레이어가 한 스폰포인트(시작점)와 충돌하여 신호를 보내고 난 후, 이동하거나 점프하여 다시 그 스폰포인트와 충돌하더라도 더 이상 신호를 보내지 않게 하기 위해 작성합니다.

8: GetPlayerFromCharacter 함수를 이용하여 스폰포인트와 충돌한 플레이어의 정보를 구합니다.

9: Stage 변수에 충돌한 스폰포인트의 이름을 저장합니다.

10: RemoteEvent의 FireClient() 함수를 이용하여 플레이어와 충돌한 스폰포인트의 이름을 전달합니다.

CHECKLIST

1	플레이어가 처음 게임을 시작하면 무지개 맵(Stage1)의 스폰포인트로 이동합니다.	
2	다차원 드롭퍼 게임이 오류 없이 실행됩니다.	

StarterPlayer 스크립트 작성하기

앞에서 게임의 공통 규칙을 설정했다면, StarterPlayer 스크립트에서는 플레이어마다 다르게 작동해야 하는 기능을 작성합니다. 플레이어가 텔레포터를 밟았을 때 스테이지의 완료를 알리는 UI가 표시되면서 다음 맵으로 이동하기, 맵 안에서는 현실 세계와 다른 이동 속도와 중력으로 움직이기, 결승 맵에 도착했을 때 성공을 알리는 UI 표시하기, 스테이지마다 알맞은 배경 음악 실행시키기 등 게임의 세부 규칙 및 방법들을 설정해 보겠습니다.

결승 맵 – 목표 지점 지정

플레이어가 무사히 장애물을 지나 텔레포터를 밟으면 다음 스테이지의 로비에 있는 UFO로 이동해 또 다른 다차원 드롭퍼 맵을 통과하게 됩니다. 무지개 맵 아래에 있는 텔레포터를 밟았다면 다음 스테이지인 하늘섬 맵의 UFO를 목표 지점으로 이동하게 되는 것입니다. [탐색기] 창에서 [Workspace] – [Teleporters] 폴더를 클릭해 보면 각 맵의 텔레포터(Teleporter1~3)와 목표 지점(Target1~2) 파트가 이미 설치되어 있는 것을 확인할 수 있습니다. 여기에서는 마지막 결승 맵에 있어야 하는 목표 지점3(Target3)을 추가하고 스크립트를 작성해 보겠습니다.

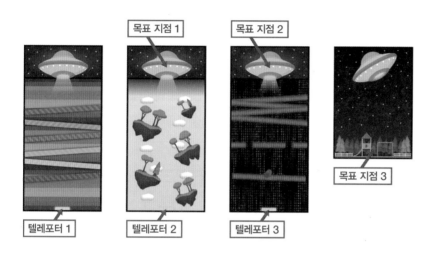

01 [탐색기] 창에서 결승 맵인 [Finish] 폴더 아래에 있는 플랫폼 모델 [Playground Map]을 선택하고, [속성] 창에서 [Transform] – [Origin] – [Position] 값을 복사합니다.

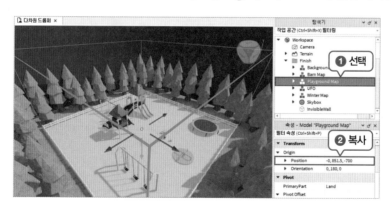

NOTE 결승맵에 있는 플랫폼 모델의 기준점이 아래에 있는 이유는 플랫폼 모델의 PrimaryPart(모델에서 기준이 되는 파트)가 바닥 파트로 지정되어 있기 때문입니다.

02 [탐색기] 창의 [Teleporters] 폴더에 있는 'Target2'를 복제하고, 복사해 둔 [Position] 값을 붙여 넣습니다.

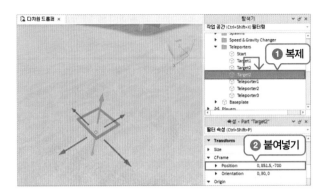

03 플레이어가 텔레포터를 밟고 목표 지점으로 이동했을 때 놀이터 바닥에 겹쳐지지 않도록 [이동] 툴을 클릭해 '5 스터드' 위로 옮깁니다. 그리고 [탐색기] 창에서 목표 지점 파트의 이름을 'Target3'로 변경해 'Target2'와 구분합니다.

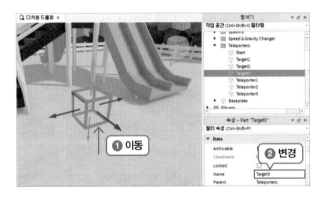

STEP 2 ▸ 플레이어 – 텔레포터 스크립트

이제 텔레포터에 이동 기능을 만들어 줄 차례입니다. 플레이어가 맵 바닥에서 노란색으로 빛나는 텔레포터에 정확하게 착지하면 다음 스테이지로 이동하게 되는 스크립트를 작성해 보겠습니다.

01 [탐색기] 창의 [StarterPlayer] – [StarterCharacterScripts] 폴더에 [LocalScript]를 추가하고, 이름을 'Player'로 변경합니다.

02 [탐색기] 창에서 [Player] 스크립트를 더블 클릭하여 스크립트 창을 띄운 후 다음과 같이 작성합니다.

스크립트	텔레포터에 이동 기능 만들기	Player

```
1    -----[[변수 설정]]-----
2    local Players = game:GetService("Players")
3    local Player = Players.LocalPlayer
4    local Humanoid = Player.Character:FindFirstChild("Humanoid")
5
6    local Target1 = game.Workspace.Teleporters.Target1
7    local Target2 = game.Workspace.Teleporters.Target2
8    local Target3 = game.Workspace.Teleporters.Target3
9
10   local CompleteGui = Player.PlayerGui.ScreenGui.Complete
11   local StageChangeGui = Player.PlayerGui.ScreenGui.StageChange
12   local StageEvent = game.ReplicatedStorage.StageEvent
13
14   -----[[텔레포트 스크립트]]-----
15   for i, child in pairs(game.Workspace.Teleporters:GetChildren()) do
16       child.Touched:Connect(function()
17
18           if child.Name == "Teleporter1" then
19               Player.Character:MoveTo(Target1.Position)
20
21           elseif child.Name == "Teleporter2" then
22               Player.Character:MoveTo(Target2.Position)
23
24           elseif child.Name == "Teleporter3" then
25               Player.Character:MoveTo(Target3.Position)
26           end
27       end)
28   end
```

코드 설명

1: 여러 코드를 한 스크립트에 작성해야 하기 때문에 주석으로 내용을 구분해 줍니다.

2: 'Players' 서비스를 Players 변수에 저장합니다.

3: 플레이어를 Player 변수에 저장합니다.

> **NOTE** 'LocalPlayer'로는 [Local Script]에서 플레이어 자신(클라이언트)을 'LocalPlayer.Character'로 불러올 수 있습니다.

4: 내 캐릭터의 Humanoid 객체를 찾아 저장합니다. Humanoid는 플레이어에게만 있는 객체입니다.

6~8: [탐색기] 창의 [Workspace] – [Teleporters] 폴더의 'Target1~3'을 변수 Target1~3에 저장합니다.

10: 화면에 표시하기 위해 제작한 완료 GUI를 변수 CompleteGui에 저장합니다.

11: 화면에 표시하기 위해 제작한 단계 변경 GUI를 변수 StageChangeGui에 저장합니다.

12: [탐색기] 창의 [ReplicatedStorage] 폴더에 생성한 'StageEvent'를 변수 StageEvent에 저장합니다.

15: GetChildren() 함수와 for 반복문을 이용하여 [탐색기] 창의 [Teleporters] 폴더에 있는 모든 스폰포인트를 탐색합니다.

16: 플레이어가 [Teleporters] 폴더에 저장되어 있는 텔레포터 파트 중 하나와 충돌하면(Touched) 함수를 실행시킵니다.

18: 만약 충돌한 텔레포터 파트의 이름이 'Teleporter1'이면 19번 행의 코드를 실행시킵니다.

19: 플레이어의 위치를 'Target1'의 Position으로 이동합니다.

21: 만약 충돌한 텔레포터 파트의 이름이 'Teleporter2'라면 22번 행의 코드를 실행시킵니다.

22: 플레이어의 위치를 'Target2'의 Position으로 이동합니다.

24: 만약 충돌한 텔레포터 파트의 이름이 'Teleporter3'라면 25번 행의 코드를 실행시킵니다.

25: 플레이어의 위치를 'Target3'의 Position으로 이동합니다.

STEP 3 플레이어 – 속도, 중력 조정 스크립트

플레이어가 맵 안의 로비, UFO에 있을 때는 기본 이동 속도와 중력을 유지하지만, 텔레포터를 향해 맵 아래로 자유 낙하할 때는 이동 속도는 높이고 중력은 낮춰 장애물을 피하기 쉽도록 설정해야 합니다. UFO 입구에 있는 투명 파트를 이용하여 플레이어의 이동 속도와 중력이 변경되도록 스크립트를 작성해 보겠습니다. 작성하던 [Player] 스크립트에 코드를 추가해 봅시다.

01 플레이어는 UFO에서 맵 안으로 자유 낙하할 때 UFO 입구에 있는 투명 파트를 지나가게 됩니다. [탐색기] 창의 [Workspace] – [Speed & Gravity Changer] 폴더에서 맵마다 설치되어 있는 투명 파트를 확인할 수 있습니다.

02 [탐색기] 창에서 [Player] 스크립트를 더블 클릭하여 스크립트 창을 띄운 후, 투명 파트를 터치하면 플레이어의 이동 속도와 중력이 변경되도록 스크립트의 내용을 추가하겠습니다.

> **NOTE** **STEP 2** 에서 [Player] 스크립트에 작성했던 내용은 회색으로 표기하겠습니다.

| 스크립트 | 플레이어의 이동 속도와 중력 변경하기 | Player |

```
1   -----[[변수 설정]]-----
2   local Players = game:GetService("Players")
3   local Player = Players.LocalPlayer
4   local Humanoid = Player.Character:FindFirstChild("Humanoid")
5
6   local Target1 = game.Workspace.Teleporters.Target1
7   local Target2 = game.Workspace.Teleporters.Target2
8   local Target3 = game.Workspace.Teleporters.Target3
9
10  local CompleteGui = Player.PlayerGui.ScreenGui.Complete
11  local StageChangeGui = Player.PlayerGui.ScreenGui.StageChange
12  local StageEvent = game.ReplicatedStorage.StageEvent
13
14  -----[[텔레포트 스크립트]]-----
15  for i, child in pairs(game.Workspace.Teleporters:GetChildren()) do
16      child.Touched:Connect(function()
17  -----[[플레이어 기본 중력, 속도 변경]]-----
18          Humanoid.WalkSpeed = 16
19          game.Workspace.Gravity = 196.2
20
21          if child.Name == "Teleporter1" then
22              Player.Character:MoveTo(Target1.Position)
23
24          elseif child.Name == "Teleporter2" then
25              Player.Character:MoveTo(Target2.Position)
26
27          elseif child.Name == "Teleporter3" then
28              Player.Character:MoveTo(Target3.Position)
29          end
30      end)
31  end
```

```
32    -----[[자유 낙하 중력, 속도 변경]]-----
33    for i, child in pairs(game.Workspace.["Speed&Gravity Changer"]:GetChildren()) do
34        child.Touched:Connect(function()
35            Humanoid.WalkSpeed = 50
36            game.Workspace.Gravity = 10
37        end)
38    end
```

코드 설명

18: 플레이어의 기본 속도를 16으로 설정합니다.

19: 플레이어의 기본 중력을 196.2로 설정합니다.

> **NOTE** 플레이어가 UFO에 있을 때는 이동 속도와 중력이 기본 값으로 유지되고, 자유 낙하할 때는 속도를 50, 중력을 10으로 변경하려고 합니다. 따라서 플레이어가 [탐색기] 창의 [Teleporters] 폴더에 있는 파트에 닿으면 기본 값으로 유지되고, [Speed & Gravity Changer] 폴더에 있는 파트에 닿으면 속도와 중력 값이 바뀔 수 있도록 함수 안에 스크립트를 작성해야 합니다.

33: GetChildren() 함수와 for 반복문을 이용하여 [Speed & Gravity Changer] 폴더에 있는 모든 파트를 탐색합니다.

34: 플레이어가 [Speed & Gravity Changer] 폴더에 저장되어 있는 파트 중 하나와 충돌하면(Touched) 함수를 실행시킵니다.

35: 장애물을 피하기 쉽도록 플레이어의 이동 속도를 50으로 설정합니다.

36: 장애물을 피하기 쉽도록 플레이어의 중력을 10으로 설정합니다.

STEP 4 플레이어 – 완료 GUI 스크립트

플레이어가 장애물을 피해 다음 스테이지로 이동하면 성공을 알리는 완료 GUI와 단계 변경 GUI가 4초 간격으로 표시되고, 현재 스테이지 번호와 스테이지 이동 화살표로 바꿔서 표시하려고 합니다. 작성하던 [Player] 스크립트에 코드를 추가해 보겠습니다.

01 [탐색기] 창의 [StarterGui] – [ScreenGui]에는 앞에서 추가한 완료 GUI 'Complete'와 단계 변경 GUI 'StageChange'가 있는 것을 확인할 수 있습니다.

02 [탐색기] 창에서 [Player] 스크립트를 더블 클릭하여 스크립트 창을 띄운 후, 두 GUI가 표시될 수 있도록 다음과 같이 스크립트를 추가합니다.

스크립트	완료 GUI와 단계 변경 GUI 표시하기	Player

```lua
1    -----[[변수 설정]]-----
2    local Players = game:GetService("Players")
3    local Player = Players.LocalPlayer
4    local Humanoid = Player.Character:FindFirstChild("Humanoid")
5
6    local Target1 = game.Workspace.Teleporters.Target1
7    local Target2 = game.Workspace.Teleporters.Target2
8    local Target3 = game.Workspace.Teleporters.Target3
9
10   local CompleteGui = Player.PlayerGui.ScreenGui.Complete
11   local StageChangeGui = Player.PlayerGui.ScreenGui.StageChange
12   local StageEvent = game.ReplicatedStorage.StageEvent
13
14   -----[[텔레포트 스크립트]]-----
15   for i, child in pairs(game.Workspace.Teleporters:GetChildren()) do
16       child.Touched:Connect(function()
17   -----[[플레이어 기본 중력, 속도 변경]]-----
18           Humanoid.WalkSpeed = 16
19           game.Workspace.Gravity = 196.2
20
21           if child.Name == "Teleporter1" then
22               Player.Character:MoveTo(Target1.Position)
23
```

```
24          elseif child.Name == "Teleporter2" then
25              Player.Character:MoveTo(Target2.Position)
26
27          elseif child.Name == "Teleporter3" then
28              Player.Character:MoveTo(Target3.Position)
29          end
30      end)
31  end
32  -----[[자유 낙하 중력, 속도 변경]]-----
33  for i, child in pairs(game.Workspace.["Speed & Gravity
        Changer"]:GetChildren()) do
34      child.Touched:Connect(function()
35          Humanoid.WalkSpeed = 50
36          game.Workspace.Gravity = 10
37      end)
38  end
39  -----[[GUI 스크립트]]-----
40  StageEvent.OnClientEvent:Connect(function(Name)
41      if Name == 'Finish' then
42          CompleteGui.Visible = true
43          wait(4)
44          CompleteGui.Visible = false
45          StageChangeGui.Visible = true
46      end
47  end)
```

코드 설명

40: 플레이어가 스폰포인트와 충돌했을(Touched) 때 StageEvent 변수가 실행됩니다. 이벤트가 발생하면 이동한 스폰포인트의 이름을 Name에 전달합니다.

41: 만약 Name에 전달받은 스폰포인트의 이름이 'Finish'라면 42~45번 행의 코드를 실행합니다.

42: CompleteGui의 'Visible' 속성을 true로 변경하여 게임 화면에 완료 GUI를 표시합니다.

43: wait() 함수를 이용하여 코드를 멈추고 게임 화면에 완료 GUI를 4초 동안 표시합니다.

44: CompleteGui의 'Visible' 속성을 false로 변경하여 게임 화면에 완료 GUI를 표시하지 않습니다.

45: StageChangeGui의 'Visible' 속성을 true로 변경하여 게임 화면에 단계 변경 GUI를 표시합니다.

STEP 5 사운드 스크립트

앞에서 우리는 각각의 맵에 어울리는 배경 음악을 찾아 [탐색기] 창의 [SoundService] 폴더에 저장했습니다. 스테이지를 이동할 때마다 다른 배경 음악이 재생되고, 결승 맵에 도착했을 때는 승리 사운드가 재생된 후에 배경 음악으로 바뀔 수 있도록 스크립트를 작성해 보겠습니다.

01 [탐색기] 창의 [StarterPlayer] – [StarterCharacterScripts] 폴더에 [LocalScript]를 추가하고, 이름을 'Sound'로 변경합니다.

02 [탐색기] 창에서 [Sound] 스크립트를 더블 클릭하여 스크립트 창을 띄운 후 다음과 같이 작성합니다.

스크립트	배경 음악 변경하기	Sound

```lua
1   local StageEvent = game.ReplicatedStorage.StageEvent
2   local SoundService = game:GetService("SoundService")
3   local Stage1 = SoundService.Stage1
4   local Stage2 = SoundService.Stage2
5   local Stage3 = SoundService.Stage3
6   local Finish = SoundService.Finish
7   local Win = SoundService.Win
8
9   StageEvent.OnClientEvent:Connect(function(Name)
10      local Sound = game.SoundService:GetChildren()
11      for i = 1, #Sound do
12          Sound[i]:Stop()
13      end
14      if Name == 'Finish' then
15          Win:Play()
16          Win.Ended:Wait()
17          Finish:Play()
18      elseif Name == 'Spawn1' then
19          Stage1:Play()
20      elseif Name == 'Spawn2' then
21          Stage2:Play()
22      else
23          Stage3:Play()
24      end
25  end)
```

Chapter 4 | 다차원 드롭퍼 **243**

1: [ReplicatedStorage] 폴더에 생성한 'StageEvent'를 StageEvent 변수에 저장합니다.

2: [SoundService]를 SoundService 변수에 저장합니다.

3~7: [SoundService] 폴더에 있는 각각의 배경 음악과 승리 사운드를 변수에 저장합니다.

9: 플레이어가 스폰포인트와 충돌했을(Touched) 때 StageEvent 변수가 실행됩니다. 이벤트가 발생하면 플레이어가 이동한 스폰포인트의 이름을 Name에 전달하며, 10~24번 행의 코드를 실행시킵니다.

10: [SoundService] 폴더에 있는 모든 사운드를 Sound 변수에 테이블 형식으로 저장합니다.

11~13: [SoundService] 폴더에 있는 모든 사운드를 for 반복문을 이용해 반복하고, Stop() 함수를 이용해 멈춥니다. 배경 음악을 변경하기 전, 이전에 실행하던 배경 음악을 멈추기 위한 코드입니다.

14: 만약 Name에 전달받은 스포인트의 이름이 'Finish'이면 15~17번 행의 코드를 실행시킵니다.

15: Play() 함수를 이용해 'Win' 사운드를 실행시킵니다.

16: Ended:Wait()함수를 이용해 'Win' 사운드가 끝날 때까지 다음 코드를 실행시키지 않고 기다립니다.

17: Play() 함수를 이용해 'Finish' 사운드를 실행시킵니다.

18: 만약 Name에 전달받은 스폰포인트의 이름이 'Spawn1'이면 19번 행의 코드를 실행시킵니다.

19: Play() 함수를 이용해 'Stage1' 사운드를 실행시킵니다.

20: 만약 Name에 전달받은 스폰포인트의 이름이 'Spawn2'라면 21번 행의 코드를 실행시킵니다.

21: Play() 함수를 이용해 'Stage2' 사운드를 실행시킵니다.

22: 만약 Name에 전달받은 스폰포인트의 이름이 'Spawn3'라면 23번 행의 코드를 실행시킵니다.

23: Play() 함수를 이용해 'Stage3' 사운드를 실행시킵니다.

CHECKLIST

1	플레이어가 맵 바닥에 있는 텔레포터에 닿으면 스테이지가 이동됩니다.			
2	플레이어가 UFO 입구를 지나 자유 낙하할 때 플레이어의 이동 속도와 중력이 바뀝니다.			
3	UFO와 결승 맵에서 플레이어의 이동 속도가 기본값으로 바뀝니다.			
4	맵마다 다른 배경 음악이 재생됩니다.			
5	결승 맵에 도착하면 성공을 알리는 완료 GUI와 단계 변경 GUI가 표시됩니다.			
6	결승 맵에 도착하면 승리 사운드가 재생된 후 배경 음악으로 바뀝니다.			

GUI 스크립트 작성하기

플레이어가 모든 맵을 무사히 통과해 결승 맵에 도착하면 성공을 알리는 완료 GUI와 함께 앞뒤 스테이지를 이동할 수 있는 GUI가 표시됩니다. 한 번 성공한 플레이어가 맵의 중간 지점에서 다시 게임을 시작하더라도, 이 단계 변경 GUI가 사라지지 않고 계속 표시될 수 있도록 설정해 보겠습니다.

STEP 1 단계 변경 GUI 스크립트

결승 맵에 도착한 플레이어에게는 자유롭게 스테이지를 이동할 수 있는 단계 변경 GUI가 표시됩니다. 현재 플레이어가 있는 맵의 스테이지 번호를 표시하고, 번호 양쪽에 있는 화살표를 클릭했을 때 앞뒤 스테이지로 이동할 수 있도록 스크립트를 작성해 보겠습니다.

01 [탐색기] 창의 [StaterGui] – [ScreenGui] – [StageChange] GUI에 'StageChange'라는 이름으로 [LocalScript]를 추가합니다.

02 [탐색기] 창에서 [StageChange] 스크립트를 더블 클릭하여 스크립트 창을 띄운 후 다음과 같이 작성합니다.

스크립트	단계 변경하기	StageChange

```
1   local Player = game.Players.LocalPlayer.Character
2   local StageEvent = game.ReplicatedStorage.StageEvent
3   local Spawn1 = game.Workspace.Spawns.Spawn1
4   local Spawn2 = game.Workspace.Spawns.Spawn2
5   local Spawn3 = game.Workspace.Spawns.Spawn3
6   local Finish = game.Workspace.Spawns.Finish
7   local Stage = {Spawn1,Spawn2,Spawn3,Finish}
8   local StageNum = 4
9
10  local BeforeButton = script.Parent.Before
11  local NextButton = script.Parent.Next
12
13  BeforeButton.MouseButton1Click:Connect(function()
14      if StageNum > 1 then
15          StageNum = StageNum - 1
```

```
16            Player:MoveTo(Stage[StageNum].Position)
17        end
18    end)
19    NextButton.MouseButton1Click:Connect(function()
20        if StageNum < 4 then
21            StageNum = StageNum + 1
22            Player:MoveTo(Stage[StageNum].Position)
23        end
24    end)
25
26    StageEvent.OnClientEvent:Connect(function(Name)
27        for i, child in pairs(Stage) do
28            if Name == child.Name then
29                StageNum = i
30            end
31            script.Parent.Stage.Text = StageNum
32        end
33    end)
```

코드 설명

1: 플레이어를 Player 변수에 저장합니다.

2: [ReplicatedStorage] 폴더에 생성한 'StageEvent'를 StageEvent 변수에 저장합니다.

3~6: 각 맵의 스폰포인트를 각각의 변수에 저장합니다.

7: 각 맵의 스폰포인트와 결승 맵의 목표 지점을 Stage 변수에 테이블 형식으로 저장합니다.

8: 숫자 4를 StageNum 변수에 저장합니다. 이 변수는 스테이지를 변경할 때, 테이블 Stage의 배열을 찾기 위한 인덱스 번호로 활용됩니다.

10~11: 'StageChange' 이미지 라벨에 있는 Before, Next 버튼을 각각의 변수에 저장합니다.

13: Connect() 이벤트를 이용해 Before 버튼을 클릭했을 때 함수를 실행합니다.

14: 만약 StageNum이 1보다 크면 15~16번 행의 코드를 실행합니다. 무지개 맵에서는 Before 버튼을 클릭해도 이전 스테이지로 이동하지 않도록 작성하는 코드입니다.

15: StageNum에 저장된 숫자에서 1을 뺍니다.

16: Stage 테이블에서 StageNum에 저장된 숫자와 같은 숫자의 스테이지로 플레이어의 위치를 이동시킵니다.

> **NOTE** StageNum이 '4'이면 네 번째 스테이지인 결승 맵으로 플레이어의 위치를 이동시킵니다.

19: Connect() 이벤트를 이용해 Next 버튼을 클릭했을 때 함수를 실행합니다.

20: 만약 StageNum이 4보다 작으면 21~22번 행의 코드를 실행합니다. 결승 맵에서는 Next 버튼을 클릭해도 다음 스테이지로 이동하지 않도록 작성하는 코드입니다.

21: StageNum에 저장된 숫자에 1을 더합니다.

22: Stage 테이블에서 StageNum에 저장된 숫자와 같은 숫자의 스테이지로 플레이어의 위치를 이동시킵니다.

26: 플레이어가 스폰포인트와 충돌했을(Touched) 때 StageEvent 변수가 실행됩니다. 이벤트가 발생하면 플레이어가 이동한 스폰포인트의 이름을 Name에 전달하며, 27~32번 행의 코드를 실행시킵니다.

27: Stage 테이블에 있는 모든 스폰포인트를 GetChildren() 함수와 for 반복문을 이용하여 탐색합니다.

28: 만약 StageEvent에 전달받은 스폰포인트의 이름이 스테이지의 이름과 같으면 29번 행의 코드를 실행합니다.

29: StageNum을 인덱스 번호인 i로 변경합니다. 28~29번 행은 플레이어가 텔레포터에 도착했을 때 StageNum을 증가시키기 위해 작성하는 코드입니다.

31: 단계 변경 GUI의 중앙에 있는 Text를 스테이지 숫자로 변경해 현재 진행 중인 스테이지 번호를 표시합니다.

STEP 2 GUI 스크립트 속성 설정

[탐색기] 창의 [StarterGui] – [ScreenGui]의 [속성] 창에서 [Data] – [ResetOnSpawn] 체크박스를 비활성화합니다. 이렇게 하면 플레이어가 모든 맵을 통과해 게임을 완료한 후, 데미지를 입어 중간 지점에서 다시 게임을 시작하더라도 단계 변경 GUI가 사라지지 않고 유지되도록 설정할 수 있습니다.

CHECKLIST

1	단계 변경 GUI의 화살표를 클릭하면 스테이지가 이동합니다.	
2	단계 변경 GUI의 중앙에 현재 진행 중인 스테이지의 번호가 표시됩니다.	
3	무지개 맵에서 단계 변경 GUI의 왼쪽 화살표를 클릭하거나, 결승 맵에서 오른쪽 화살표를 클릭할 때는 스테이지가 이동되지 않습니다.	
4	플레이어가 맵 아래에 있는 텔레포터를 밟으면 다음 스테이지로 이동하고, 단계 변경 GUI의 스테이지 번호가 바뀝니다.	

장애물 스크립트 작성하기

플레이어는 다차원 드롭퍼를 자유 낙하하며 위험한 장애물에 부딪히지 않고 통과해야 합니다. 무지개 맵의 구름과 해킹 맵의 레이저 장애물이 회전하거나 움직이기 때문에 피하기가 더 어렵게 설정해 보겠습니다. 장애물이 플레이어에게 데미지를 입히는 기능과 회전하고 움직이는 기능을 작성해 봅시다.

STEP 1 데미지 스크립트

플레이어가 맵의 벽면과 장애물에 부딪히면 체력이 0으로 떨어져 게임이 종료되고, 다시 맵의 시작점인 UFO에서 게임을 시작합니다. 각각의 맵을 구성하고 있는 모든 벽 모델과 파트가 플레이어에게 데미지를 입힐 수 있도록 스크립트를 작성해 보겠습니다.

01 [탐색기] 창의 [Workspace] – [Map1] – [Damage] 폴더에 [Script]를 추가하고, 이름을 'Damage'로 변경합니다.

02 [탐색기] 창에서 [Damage] 스크립트를 더블 클릭하여 스크립트 창을 띄운 후 다음과 같이 작성합니다.

스크립트	장애물에 데미지 적용하기	Damage

```
1   local Model = script.Parent:GetDescendants()
2   local Enabled = true
3
4   for _,Part in ipairs(Model) do
5       if Part:IsA("BasePart") and Enabled then
6           Part.Touched:Connect(function(Part)
7               local Humanoid = Part.Parent:findFirstChild("Humanoid")
8               if Humanoid then
9                   Humanoid:TakeDamage(100)
10                  Enabled = false
11                  wait(0.5)
12                  Enabled = true
13              end
14          end)
15      end
16  end
```

코드 설명

1: [script]의 부모 객체(Parent)인 [Map1] 폴더에 있는 모든 오브젝트를 Model 변수에 테이블 형식으로 저장합니다.

> **NOTE** GetDescendants() 함수는 [Map1] 폴더에 있는 모든 오브젝트를 불러오는 함수입니다. 모델로 묶여 있는 파트까지 불러올 수 있습니다.

2: 변수 Enabled를 만들어 true를 저장합니다. 이 변수를 이용하여 플레이어가 데미지를 입었을 때 스크립트를 잠깐 멈춰서 더 이상 데미지를 입지 않도록 설정합니다.

4: for 반복문을 이용해 Model에 저장한 모든 오브젝트에 대해 코드를 반복합니다.

> **NOTE** 105쪽 2-5절 '테이블과 for 문'의 내용을 참고하세요!

5: IsA() 함수를 이용해 Model에 저장한 오브젝트 중 Part에만 데미지를 적용하고, Enabled 변수에 저장된 값이 true이면 6번 행을 실행시킵니다.

6: 만약 다른 오브젝트가 맵의 벽이나 장애물에 충돌하면 Connect() 이벤트를 이용해 함수를 실행합니다. 여기에서 충돌한 객체는 매개변수 Part에 저장합니다.

7: 충돌한 오브젝트의 부모 객체에 Humanoid 객체를 찾아 저장합니다.

8: 만약 플레이어와 충돌한 Humanoid 객체가 있다면 9~12번 행의 코드를 실행시킵니다.

9: TakeDamage() 함수를 이용해 플레이어의 체력을 0으로 만들어 게임을 다시 시작합니다. 이때 플레이어의 기본 체력(HP)은 100입니다.

10: Enabled 변수의 값을 false로 변경해 5번 행의 조건문이 실행되지 않도록 바꿉니다. 조건문이 실행되지 않으면 데미지를 연속으로 입히지 못합니다.

11: wail() 함수를 이용해 코드를 0.5초 동안 멈춰 플레이어가 스폰포인트에서 다시 게임을 시작하길 기다립니다.

12: Enabled 변수의 값을 true로 변경해 5번 행의 조건문이 실행되도록 바꿉니다. 조건문이 실행되면 데미지를 입힐 수 있습니다.

03 하늘섬 맵과 해킹 맵에도 동일하게 데미지를 적용해 보겠습니다. [탐색기] 창의 [Workspace] – [Map2]와 [Map3]에 있는 [Damage] 폴더에도 [Script]를 생성하고, 이름을 [Damage]로 변경합니다. [Map1]에 작성했던 코드를 복사해 붙여 넣습니다.

> **NOTE** 결승 맵에는 데미지를 적용해야 하는 장애물이 없기 때문에 스크립트를 작성하지 않습니다.

STEP 2 구름 이동 스크립트

하늘섬 맵에 떠 있는 구름들이 움직이면서 자유 낙하하는 플레이어를 방해합니다. 하늘을 떠다니는 구름 파트들이 Z축 방향으로 움직이도록 스크립트를 작성해 보겠습니다.

01 [탐색기] 창의 [Workspace] – [Map2] – [Damage] 폴더에 [Script]를 추가하고, 이름을 'CloudMoving'으로 변경합니다.

02 [탐색기] 창에서 [CloudMoving] 스크립트를 더블 클릭하여 스크립트 창을 띄운 후 다음과 같이 작성합니다.

스크립트	움직이는 구름 장애물 만들기	CloudMoving

```lua
1   local Clouds = script.Parent.Clouds
2
3   for i, child in ipairs(Clouds:GetChildren()) do
4       local Num = math.random(1,5)
5       task.spawn(function()
6           while true do
7               for i = 1, 30 do
8                   child.CFrame = child.CFrame * CFrame.new(0, 0, Num)
9                   wait()
10              end
11              for i = 1, 30 do
12                  child.CFrame = child.CFrame * CFrame.new(0, 0, - Num)
13                  wait()
14              end
15          end
16      end)
17  end
```

코드 설명

1: [Map2] 폴더에 생성한 [Clouds]를 Clouds 변수에 저장합니다.

3: GetChildren() 함수와 for 반복문을 이용해 [Clouds] 폴더에 있는 모든 구름 모델을 탐색합니다.

4: Num 변수에 1~5 사이의 숫자를 무작위로 저장합니다. 이 숫자는 구름의 속도를 설정하는 데 사용합니다.

5: task.spawn() 함수를 이용해 6~16번 행의 코드를 실행시킵니다. 각각의 구름 모델이 움직이도록 적용합니다.

6: while 문을 이용해 실행이 무한하게 반복되는 반복문을 작성합니다.

7: for 반복문을 이용해 8~9번 행의 코드가 30번 반복되도록 작성합니다.

8: 구름 파트의 [CFrame]을 이용해 Z축 방향으로 Num만큼 무작위로 이동시킵니다.

여기서 잠깐 | CFrame이란?

CFrame은 'Coordinate Frame(좌표 프레임)'의 줄임말로, 파트나 모델의 위치(Position)와 방향(Rotation)을 알려주는 데이터입니다. CFrame으로 파트의 X축, Y축, Z축 위치를 변경하고 회전시킬 수도 있습니다.

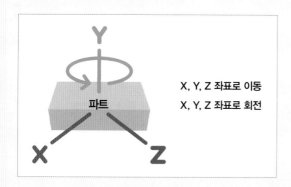

다음과 같이 파트의 CFrame에 새로운 CFrame 값을 연산하면 파트의 위치나 방향을 변경할 수 있습니다.

Part.CFrame = Part.CFrame * CFrame.new(0, 0, 5)

CFrame.new(X좌표, Y좌표, Z좌표) 함수를 이용해 새로운 CFrame을 만들고, new() 함수에 변경하고 싶은 좌표의 데이터를 입력, 연산(+, −, x, /)해 파트의 위치나 방향 값을 변환합니다. 그리고 변경된 값을 다시 파트의 CFrame으로 설정합니다. 반복문을 이용해 이러한 과정을 여러 번 반복하면 파트의 위치가 자연스럽게 변경되어 움직이는 것처럼 보입니다.

9: wait() 함수를 이용해 코드가 실행되기 전에 잠깐 멈추도록 설정해 오류가 발생하지 않도록 합니다.

11: for 반복문을 이용해 12~13번 행의 코드를 30번 반복합니다.

12: 구름 파트의 [CFrame]을 이용해 Z축 방향으로 -Num만큼 이동시킵니다. 8번 행에서 작성한 코드와 반대 방향으로 움직이게 됩니다.

13: wait() 함수를 이용해 코드가 실행되기 전에 잠깐 멈추도록 설정해 오류가 발생하지 않도록 합니다.

레이저 장애물 스크립트

해킹 맵에 있는 레이저들이 빙글빙글 돌면서 자유 낙하하는 플레이어를 방해합니다. 레이저 장애물을 'MovingLaser'와 'RotatingLaser'로 나눠, 각각 Z축 방향으로 이동하고 Y축 방향으로 회전하도록 스크립트를 작성해 보겠습니다. 두 기능 모두 CFrame를 이용하여 설정할 수 있습니다.

01 Z축 방향으로 이동하는 레이저 장애물의 스크립트를 먼저 작성해 보겠습니다. [탐색기] 창의 [Workspace] – [Map3] – [Damage] – [MovingLaser]에 [Script]를 추가하고, 이름을 'Moving'으로 변경합니다.

02 [탐색기] 창에서 [Moving] 스크립트를 더블 클릭하여 스크립트 창을 띄운 후 다음과 같이 작성합니다.

| 스크립트 | 좌우로 움직이는 레이저 장애물 만들기 | Moving |

```
1   local Part = script.Parent
2
3   while wait(0.05) do
4       for i = 1, 46 do
5           Part.CFrame = script.Parent.CFrame * CFrame.new(0, 0, -5)
6           wait()
7       end
8       for i = 1, 46 do
9           Part.CFrame = script.Parent.CFrame * CFrame.new(0, 0, 5)
10          wait()
11      end
12  end
```

코드 설명

1: [script]의 부모 객체(Parent)인 'MovingPart'를 Part 변수에 저장합니다.

3: while 문과 wait() 함수를 이용해 0.05초마다 반복하는 반복문을 작성합니다.

4: for 반복문을 이용해 5~7번 행의 코드를 46번 반복하는 반복문을 작성합니다.

5: 레이저 장애물의 [CFrame]을 이용해 Z축 방향으로 -5씩 이동시킵니다.

6: wait() 함수를 이용해 코드가 실행되기 전에 잠깐 멈추도록 설정해 오류가 발생하지 않도록 합니다.

8: for 반복문을 이용해 9~11번 행의 코드를 46번 반복하는 반복문을 작성합니다.

9: 레이저 장애물의 [CFrame]을 이용해 Z축 방향으로 +5씩 이동시킵니다. 5번 행에서 작성한 코드와 반대 방향으로 움직이게 됩니다.

10: wait() 함수를 이용해 코드가 실행되기 전에 잠깐 멈추도록 설정해 오류가 발생하지 않도록 합니다.

03 이제 Y축 방향으로 회전하는 레이저 장애물의 스크립트를 작성해 보겠습니다. [탐색기] 창의 [Workspace] – [Map3] – [Damage] – [RotatingLaser] 폴더에 [Script]를 추가하고, 이름을 'Rotating'으로 변경합니다.

04 [탐색기] 창에서 [Rotating] 스크립트를 더블 클릭하여 스크립트 창을 띄운 후 다음과 같이 작성합니다.

스크립트	회전하는 레이저 장애물 만들기	Rotating

```
1   local Part = script.Parent
2
3   while wait(0.025) do
4       Part.CFrame = script.Parent.CFrame * CFrame.Angles(0,0.05,0)
5   end
```

코드 설명

1: [script]의 부모 객체(Parent)인 'RotatingPart'를 Part 변수에 저장합니다.

3: while 문과 wait() 함수를 이용해 0.025초마다 반복하는 반복문을 작성합니다.

4: 레이저 장애물의 [CFrame]을 이용해 Y축 방향으로 0.05°씩 회전시킵니다.

> **NOTE** 스크립트에서 [CFrame]을 이용해 원하는 회전 방향으로, 원하는 각도(CFrame.Angles)를 곱하면 파트를 회전시킬 수 있습니다. CFrame.Angles()의 괄호 안에 작성하는 숫자를 마이너스(−)로 작성하면 반대 방향으로 회전합니다.

CHECKLIST

1	플레이어가 벽이나 장애물에 충돌하면 체력이 0으로 떨어지면서 게임이 종료되고, 스폰포인트에서 게임을 다시 시작합니다.			
2	하늘섬 맵을 떠다니는 구름이 Z축 방향으로 일정하지 않은 속도로 움직입니다.			
3	해킹 맵 아래쪽에서 Z축 방향으로 움직이는 레이저가 플레이어를 방해합니다.			
4	해킹 맵 아래쪽에서 Y축 방향으로 회전하는 레이저가 플레이어를 방해합니다.			

4-6 게임 출시하기

❶ 프로젝트 만들기 → ❷ 빌드하기 → ❸ UI, 사운드 추가하기 → ❹ 스크립트 작성하기 → ❺ 게임 출시하기

게임을 완성했으니 이제 출시하는 단계만 남아 있습니다. 로블록스의 이용자들이 내 게임을 단번에 파악할 수 있고, 흥미를 가질 수 있는 썸네일을 추가해 출시하겠습니다.

01 로블록스 스튜디오의 [홈] 탭에서 [게임 설정] 버튼을 클릭하면 [게임 설정] 대화 상자가 열립니다. [기본 정보] – [게임 아이콘]에 있는 회색 박스를 클릭하면 게임 아이콘과 썸네일 파일을 저장할 수 있습니다. 예제 소스의 [Chapter 4] 폴더에 있는 '아이콘.png' 파일을 [게임 아이콘]에, '썸네일.png' 파일을 [스크린 및 동영상]에 추가합니다.

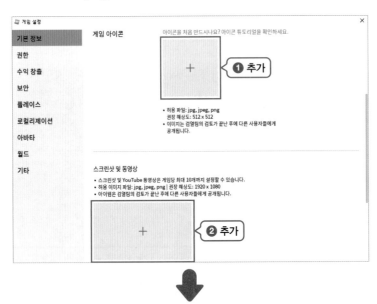

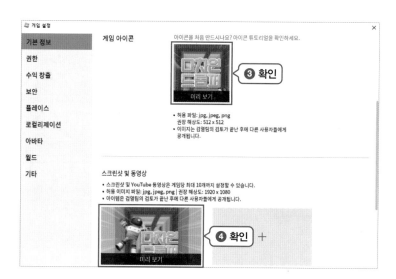

02 대화 상자 왼쪽의 [권한] 메뉴에서 비공개를 '공개'로 바꾸고, [저장] 버튼을 클릭합니다. 마지막으로 로블록스 스튜디오의 왼쪽 상단 메뉴에서 [파일] − [Roblox에 게시]를 선택해 게임 출시를 마무리합니다.

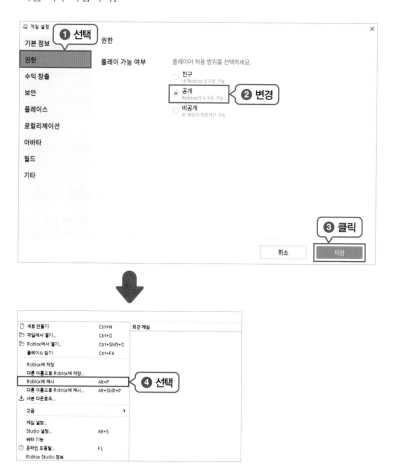

03 예제 소스의 [Chapter 4] 폴더에 있는 '다차원드롭퍼_완성본.rbxl' 파일을 참고해 더 멋진 게임을 만들어 보세요!

CHECKLIST
지금까지 배운 내용을 떠올리면서 결과물을 잘 만들었는지 스스로 체크해 보세요!

1	전체 게임의 스토리와 콘셉트에 맞게 맵을 꾸몄습니다.	⬚⬚	⬚⬚	⬚⬚
2	서로 다른 색의 파트들이 같은 위치에서 겹쳐져 게임이 일시적으로 지연되지 않고 실행됩니다.	⬚⬚	⬚⬚	⬚⬚
3	모든 파트들을 고정해 게임에 오류가 생기지 않습니다.	⬚⬚	⬚⬚	⬚⬚
4	작업했던 파트나 모델들이 각 맵에 해당하는 폴더에 정리되어 있습니다.	⬚⬚	⬚⬚	⬚⬚
5	단계 변경 UI는 마지막 결승 맵에 도착했을 때만 게임 화면에 표시됩니다.	⬚⬚	⬚⬚	⬚⬚
6	각 맵에 어울리는 배경 음악과 사운드 이펙트가 추가되어 있습니다.	⬚⬚	⬚⬚	⬚⬚
7	플레이어가 맵 중간에서 장애물에 부딪혀 게임이 종료되더라도 게임을 다시 실행하면 가장 최근에 밟은 스폰포인트에서 시작합니다.	⬚⬚	⬚⬚	⬚⬚

[미리보기] 극한 생존 게임(부록)

① 프로젝트 만들기　② 빌드하기　③ UI, 사운드 추가하기　④ 스크립트 작성하기　⑤ 게임 출시하기

어느 날 갑자기 사막 한복판에 떨어진다면 어떻게 될까요? 가도 가도 끝이 보이지 않는 모래 언덕 앞에서 숨이 막히고, 목이 말라 쓰러질 것 같습니다. [부록]으로 제공되는 '극한 생존 게임'은 뜨거운 사막에 숨겨져 있는 생수를 찾아 끝까지 살아남는 게임입니다. 극한 생존 게임 만들기(부록)는 한빛출판네트워크 자료실(www.hanbit.co.kr/src/11126)이나 온라인 서점에서 무료로 다운로드 및 구매할 수 있습니다.

극한의 환경, 뜨거운 사막에서 생수를 찾아 살아남아라!

- **게임 방법 및 규칙**
  - 게임을 시작하면 가만히 있어도 플레이어의 체력이 계속해서 떨어지며, 체력이 0으로 바닥나면 게임이 종료됩니다.
  - 체력을 회복하려면 사막 곳곳에서 무작위로 나타나는 생수를 찾아 마셔야 합니다.
  - 플레이어의 체력은 생수병을 찾아 터치하는 순간 100으로 회복됩니다.
  - 제한 시간 동안 떨어지는 체력을 회복하며 끝까지 살아남아야 합니다.

PART 3
로블록스
수익 올리기

이제 내가 직접 제작한 게임을 친구들과 함께 플레이할 수 있습니다. 로블록스를 이용하는 더 많은 친구들에게 내 게임을 선보일 수 있도록 게임에 필요한 아이템을 만들어 판매해 보겠습니다. 로벅스를 이용해 내가 만든 게임을 유료화하고, 효과적으로 홍보하는 방법을 알아봅시다.

Chapter 5

로벅스로
수익화하기

우리가 시간과 노력을 쏟아서 열심히 만든 게임으로 용돈까지 벌 수 있다면 얼마나 좋을까요? 게임을 판매하여 얻은 수익으로 아이템을 구매해 더 좋은 퀄리티의 게임을 만드는 것도 신나는 일입니다. 5장에서는 로블록스 게임과 아이템을 판매하여 수익을 얻는 방법과 가상 화폐인 로벅스를 활용하는 방법을 알아보겠습니다.

5-1 게임 판매하기

로벅스(Robux)는 로블록스에서 사용하는 가상 화폐로, 주로 게임을 플레이할 때 필요한 아이템이나 의상을 구매할 때 사용합니다. 간단한 게임은 로벅스 없이도 만들 수 있지만, 멋들어진 게임을 만들거나 널리 홍보하려면 로벅스가 필요합니다. 또한 친구들과 같은 공간에서 게임을 플레이하기 위해 비공개 서버를 생성하거나 유료 게임을 구매할 때도 필요하죠. 따라서 이 로벅스의 특징을 먼저 이해하는 것이 로블록스를 더 잘 활용할 수 있는 팁입니다.

게임 유료화하기

로블록스에서 제일 간단하면서도 쉽게 수익을 내는 방법은 바로 자신의 게임을 판매하는 것입니다. 대부분의 로블록스 게임은 무료지만, 가끔씩 유료로 판매되는 게임들도 볼 수 있습니다. 무료 게임과 유료 게임에는 어떤 차이가 있을까요?

로블록스에서 인기 있는 게임 중 하나인 '탈옥수와 경찰(Jailbreak)'은 무료 게임으로, 게임 소개 페이지에서 초록색 플레이 버튼만 누르면 바로 게임이 플레이됩니다.

반면 유료 게임인 'Deepwoken'은 초록색 플레이 버튼 부분에 다음과 같이 구매하기 위한 로벅스 금액이 표시되고, 그만큼의 로벅스를 지불해야 게임에 접속할 수 있습니다. 유료 게임의 경우, 이용자

가 한 번만 로벅스를 지불하면 무제한으로 게임을 즐길 수 있습니다. 그럼 이제 앞에서 만든 '지형 점프맵' 게임을 유료화해 보겠습니다.

01 로블록스 홈페이지의 상단 메뉴에서 [만들기]를 클릭하면 로블록스 크리에이터 페이지로 이동합니다. '지형 점프맵' 게임을 클릭하고 왼쪽에 있는 [엑세스] 메뉴에서 [지불] – [Robux 필요] 항목을 활성화합니다. 항목을 활성화하면 나타나는 [Robux 가격]을 최소 가격인 '25'로 작성하겠습니다. 하단에 있는 [변경 사항 저장]을 클릭해 마무리합니다.

NOTE 게임을 유료화하려면 먼저 게임이 로블록스에 출시되어 있어야 합니다. 게임을 출시하는 방법은 180쪽 3–5절에서 다시 한 번 확인해 보세요!

02 이어서 [개요]를 클릭해 '지형 점프맵' 게임의 [ROBLOX에서 보기] 버튼을 선택하여 게임 페이지로 이동합니다. '지형 점프맵' 게임의 초록색 플레이 버튼이 활성화되어 있는 것을 확인할 수 있습니다. 다른 사용자에게는 플레이 버튼 대신 내가 설정한 로벅스 금액이 표시됩니다.

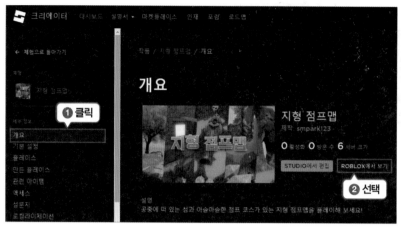

여기서 잠깐 **내가 구매한 게임 확인하기**

이전에 내가 구매했던 게임을 확인하고 싶을 때는 로블록스 홈페이지 왼쪽에 있는 [인벤토리] 메뉴에서 [플레이스] – [구입한 플레이스]를 클릭하면 찾을 수 있습니다.

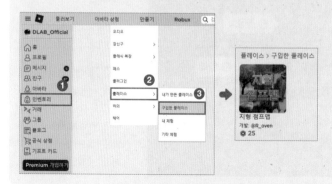

로블록스 이용자들이 내가 만든 게임에 다시 찾아오지 않으면 주목받기가 어렵고, 수익으로 이어지기도 힘듭니다. 처음부터 재미있는 게임으로 탄탄하게 기획하고 제작하는 것이 중요하지만, 내가 만든 게임이 왜 재미가 없는지 다른 플레이어에게 피드백을 받아 보는 것도 좋은 방법입니다.

5-2 게임 아이템 판매하기

로벅스를 버는 가장 간단한 방법은 게임을 유료로 판매하는 것이지만, 접속해 보지도 않고 게임을 구매해야 하기 때문에 이용자가 부담을 느낄 수밖에 없습니다. 따라서 게임 안에서 사용할 수 있는 아이템을 만들고, 이것을 판매하는 것부터 시작하는 것이 좋습니다. 이럴 때 유용한 것이 바로 게임 패스와 개발자 상품입니다.

게임 패스와 개발자 상품 판매하기

로블록스 게임을 하다 보면 '게임 패스'라는 단어를 종종 듣게 될 것입니다. 게임 패스(Game Pass)란 플레이어가 로벅스로 구입하는 게임의 아이템으로, 한 번만 구입하면 게임에서의 혜택이나 능력을 영구적으로 사용할 수 있습니다. 주로 무료 아이템보다 강한 능력을 가진 아이템을 얻기 위해 구매하며, 게임을 시작할 때부터 특별한 능력이나 보너스를 가질 수 있습니다.

아이템이나 혜택을 얻기 위해 개발자 상품(Developer Product)을 구매하기도 합니다. 개발자 상품에는 코인이나 물약, 2배 보너스 등의 일회성 아이템들이 해당됩니다.

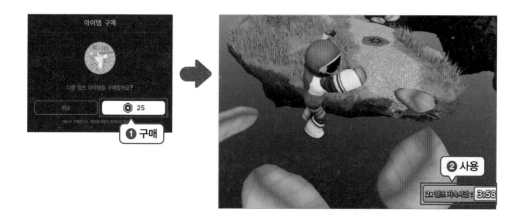

게임 패스는 한 번 구입하면 계속해서 사용할 수 있고, 개발자 상품은 한 번 구입해 사용하고 나면 다시 구입해야 합니다. 두 아이템의 차이점을 잘 생각하며 아이템을 만들어 봅시다.

STEP 1 게임 패스 만들기

게임 패스는 로블록스 크리에이터 페이지에서 추가할 수 있습니다. 로블록스 스튜디오에서는 만들 수 없으므로 주의하기 바랍니다.

01 로블록스 크리에이터 페이지에서 '지형 점프맵' 게임을 선택하고 왼쪽에 있는 [관련 아이템] 메뉴를 클릭합니다. [패스] 탭에 있는 [패스 만들기]를 클릭하면 만들고자 하는 게임 패스의 정보를 설정할 수 있습니다.

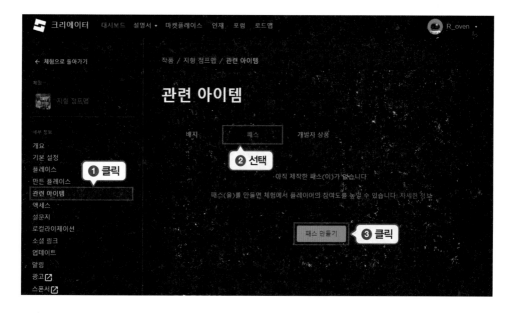

02 [패스 만들기] 페이지에서 이미지의 [변경] 버튼을 클릭해 예제 소스 [Chapter 5] 폴더에 있는 '점프코일.png' 파일을 불러옵니다. 그리고 [이름]을 '점프 코일', [설명]을 '점프 코일을 사용하여 점프 능력을 10배로 높입니다.'라고 작성하고, 하단에 있는 [패스 만들기]를 클릭합니다.

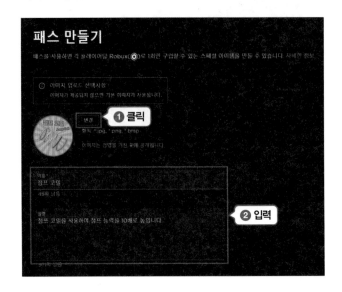

> **NOTE** 게임 패스의 이미지를 업로드하면 로블록스 관리팀의 심사를 거쳐야 합니다. 보통 업로드 후 10~20분 정도가 걸리며, 공식 저작권이 있는 이미지나 인물화, 기타 부적절한 이미지 등은 로블록스 규정에 위반되어 설정할 수 없습니다. 로블록스 관리팀의 자세한 심사 규정은 오른쪽 QR 코드에서 확인할 수 있습니다.

03 이미지 심사를 통과한 게임 패스의 이미지를 클릭해 왼쪽에 있는 [판매] 메뉴를 선택합니다. [판매 아이템]을 활성화하고 [Robux 가격]으로 '100'을 입력하여 [변경 사항 저장]을 클릭하면 끝입니다.

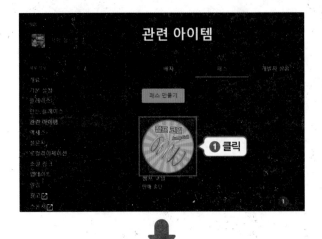

04 '100' 로벅스로 제작된 '점프 코일' 게임 패스는 게임 페이지의 [상점] 탭에서도 확인할 수 있습니다.

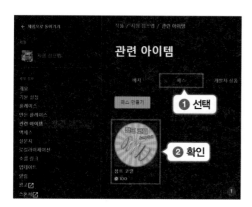 

> **NOTE** 게임 패스의 가격을 결정하기 어렵다면 내가 만든 게임과 유사한 게임을 찾아, 다른 로블록스 이용자들이 어느 정도의 가격으로 게임 패스를 판매하는지 확인해 보는 것도 좋습니다.

05 동일한 방법으로 예제 소스의 '스피드코일.png' 파일을 업로드해 게임 패스를 더 추가합니다.

- **이미지 파일:** 스피드코일.png
- **이름:** 스피드 코일
- **설명:** 스피드 코일을 사용하여 2배 이상 더 빨리 달리세요!
- **Robux 가격:** 50

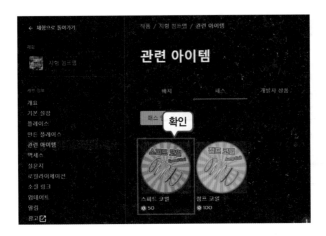

STEP 2 ▶ 개발자 상품 만들기

개발자 상품은 로블록스 크리에이터 페이지뿐만 아니라 로블록스 스튜디오에서도 추가할 수 있습니다. 하지만 개발자 상품의 이미지 등록은 크리에이터 페이지에서만 가능하므로 게임 패스와 동일하게 크리에이터 페이지에서 만드는 방법으로 설명하겠습니다.

> **NOTE** 개발자 상품(Developer Product)은 로블록스 홈페이지에서는 '개발자 상품'으로, 로블록스 스튜디오에서는 '개발자 제품'으로 각각 다르게 번역되어 있습니다. 어차피 같은 말이니 혼동하지 않아도 됩니다.

01 이번에는 크리에이터 페이지의 [관련 아이템] – [개발자 상품]에서 [개발자 상품 만들기]를 클릭합니다. 예제 소스에 있는 '더블점프.png' 파일을 불러와 [이름]을 '더블 점프', [설명]을 '공중에서 한 번 더 점프할 수 있습니다!', [Robux 가격]을 '25'로 입력하고 [변경 사항 저장]을 클릭합니다.

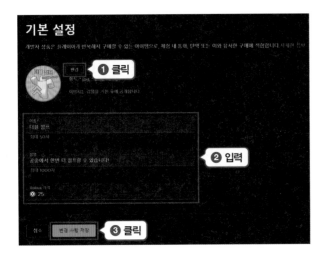

02 개발자 상품은 게임 패스와는 다르게 [관련 아이템] – [개발자 상품] 탭에서 개발자 상품의 이름 아래에 로벅스 가격이 표시되지 않고, 개발자 상품의 ID가 표시되는 것을 확인할 수 있습니다.

STEP 3 구매 스크립트 적용하기

이번에는 앞에서 만든 게임 패스와 개발자 상품을 플레이어들이 구매할 수 있도록 구매 창을 띄워 보겠습니다. 게임을 플레이했을 때 화면에 'SHOP'과 'DONATE' 버튼을 추가하는 스크립트를 적용하는 것입니다.

01 예제 소스의 [Chapter 5] 폴더에 있는 '구매시스템.rbxm' 파일을 로블록스 스튜디오로 드래그해 가져옵니다.

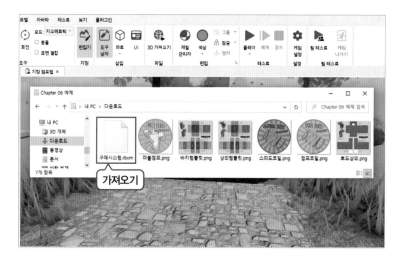

02 [탐색기] 창의 [Workspace]에 [구매 시스템]이라는 폴더가 추가되었습니다. 화살표 아이콘 (▼)을 눌러 확장시키고, 다음 항목들을 선택해 각각의 폴더로 드래그하여 옮깁니다.

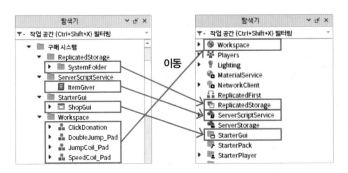

> **NOTE** 각각의 폴더에 알맞게 이동시킨 스크립트는 모두 게임 플레이 화면에서 게임 패스와 개발자 상품의 구매 창을 띄우는 스크립트의 완성본입니다. 여기에서는 예제 소스에 있는 스크립트의 내용을 모두 설명하지는 않지만, 스크립트에 작성되어 있는 주석을 꼼꼼히 살펴보면 많은 도움이 될 겁니다.

03 [테스트] 탭의 [플레이]를 클릭해 테스트해 봅시다. 게임 화면 왼쪽에 'SHOP(상점)' 버튼과 'DONATE(후원)' 버튼을 클릭하면 각각 로벅스로 구매할 수 있는 아이템과 후원 창이 뜨는 것을 확인할 수 있습니다.

> **NOTE** 'DONATE(후원)' 버튼에 대한 내용은 **05** 단계에서 알아보겠습니다.

우리가 만든 '지형 점프맵' 게임 화면에서 '점프 코일'이나 '스피드 코일'
아이템의 구매 버튼을 클릭하면 '제삼자 아이템 판매가 비활성화 상태'라
는 오류 메시지가 뜹니다. 이것은 게임의 보안 기능 중 '제삼자 판매 허
용'이라는 기능이 비활성화된 상태라서 다른 사람이나 자신이 로블록스
에서 만든 게임 패스를 판매할 수 없는 것입니다.

게임에서 '점프 코일'과 '스피드 코일'이라는 게임 패스를 판매하기 위해서는 먼저 스튜디오에서 테스트를 중지
하고, [홈] 탭의 [게임 설정] – [보안] – [제삼자 판매 허용]을 활성화해 저장해야 합니다. 게임을 다시 플레이해
보면 이제 게임 패스 아이템의 구매가 가능해진 것을 확인할 수 있습니다.

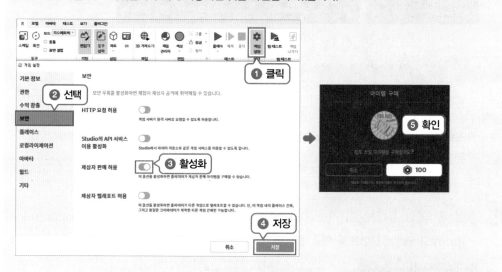

추가로, 게임의 제작자가 로블록스 스튜디오에서 게임을 테스트할 때 게
임 패스나 개발자 상품을 구매하면 로벅스 비용이 청구되지 않습니다. 로
벅스가 지불되지 않는 테스트 구매이기 때문에 실제로 플레이어가 아이
템을 구매할 때 오류가 있는지 확인할 수 있다는 점에서 아주 유용합니다.

04 개발자 상품에는 이용자들이 로벅스로 게임의 제작자를 후원할 수 있는 기능을 넣을 수도 있습
니다. STEP 2 와 동일한 방법으로 2개의 개발자 상품을 더 추가하겠습니다. 개발자 상품을 만들
때는 사진이나 설명을 입력하지 않아도 만들 수 있습니다.

- **이름**: 10 Donation
- **Robux 가격**: 10

- **이름**: 25 Donation
- **Robux 가격**: 25

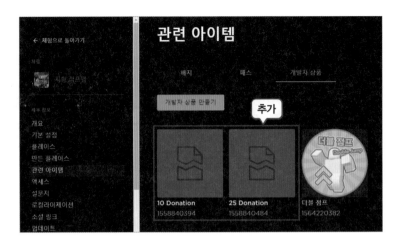

여기서 잠깐 **게임 패스와 개발자 상품의 ID를 반드시 똑같이 맞춰라!**

구매 스크립트를 적용할 때 꼭 해야 할 작업은 스크립트 안에 있는 ID를 자신이 직접 만든 게임 패스와 개발자 상품의 ID로 바꿔야 한다는 것입니다. 자신이 만든 게임 패스와 개발자 상품의 ID로 스크립트를 작성해야 판매 수익으로 얻은 로벅스가 정상적으로 자신의 계정에 들어옵니다. 반드시 기억하세요! 다음 단계에서 직접 확인해 보겠습니다.

05 게임 패스의 ID부터 맞춰 봅시다. 로블록스 스튜디오에서 [탐색기] 창의 [ServerScriptService] – [ItemGiver] 스크립트를 더블 클릭해 엽니다. 11~13번 행에 있는 변수 gamePassID1, gamepassID2의 값을 '점프 코일', '스피드 코일' 게임 패스의 ID 값으로 바꿔 주고, 변수 productId의 값을 '더블 점프' 개발자 상품의 ID 값으로 변경합니다.

```
 1    ------------------[[변수 선언]]------------------
 2
 3    local marketplaceService = game:GetService("MarketplaceService") -- 게임의 모든 거래를 관리하는 인스턴
 4    local ServerStorage = game:GetService("ServerStorage") -- 탐색기의 ServerStorage를 저장한 변수
 5    local replicatedStorage = game:GetService("ReplicatedStorage") -- 탐색기의 ReplicatedStorage를 저장
 6    local players = game:GetService("Players") -- 탐색기의 Players를 저장한 변수
 7    local player = players.LocalPlayer -- 탐색기의 Players에서 플레이어 개인을 저장한 변수
 8
 9    ------------------[[아          변경          ]]--
10
11    local gamePassID1 = 192710182 -- 점프 코일 게임 패스 ID
12    local gamePassID2 = 192899940 -- 스피드 코일 게임 패스 ID
13    local productID = 1350786798 -- 더블 점프 개발자 제품 ID
14
```

NOTE 게임 패스의 ID는 만들 때마다 새로 생성되는 값이므로 위 숫자와 다를 수 있습니다.

로블록스 크리에이터 페이지의 [관련 아이템] – [패스], [개발자 상품] 탭에서 ID를 복사할 아이템 이미지 위에 마우스를 올리면 더보기 아이콘(⋯)이 표시됩니다. 더보기 아이콘을 클릭해 나타나는 [애셋 ID 복사]로 해당 아이템의 ID를 복사할 수 있습니다.

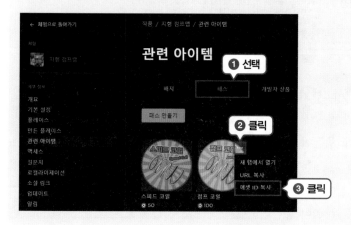

06 05와 동일한 방법으로 [탐색기] 창의 [StarterGui] – [ShopGui] 폴더에 있는 [ShopScript]의 57~59번 행에 있는 개발자 상품 ID 값을 똑같이 맞춰 줍니다.

```
49
50      ----------------[[상점 구매 시스템]]----------------
51
52      -- StarterGui > ShopGui > ShopFrame > ListFrame의 Item1~3을 변수에 저장
53      local BuyButton1 = scri  ent.ShopFrame.ListFrame.Item1.BuyFrame.BuyButton
54      local BuyButton2 = scr   변경 ent.ShopFrame.ListFrame.Item2.BuyFrame.BuyButton
55      local BuyButton3 = scr        ent.ShopFrame.ListFrame.Item3.BuyFrame.BuyButton
56
57      local gamePassID1 = 192710182  -- 점프 코일 게임 패스 ID
58      local gamePassID2 = 192899940  -- 스피드 코일 게임 패스 ID
59      local productID = 1350786798   -- 더블 점프 개발자 제품 ID
60
61
62      ----------[[상점 구매 버튼]]----------
63
```

07 이번에는 추가로 만든 'Donation' 개발자 상품의 ID 값까지 맞춰 주겠습니다. [탐색기] 창의 [StarterGui] – [ShopGui] 폴더에 있는 [DonateScript]의 13~14번 행에 있는 개발자 상품의 ID 값을 똑같이 맞춰 줍니다.

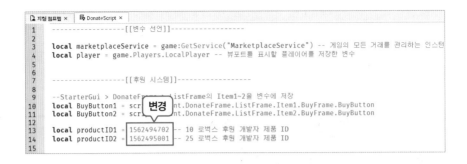

```
🔲 지형 점프맵 ×    📄 DonateScript ×
1    ----------------[[변수 선언]]----------------
2
3    local marketplaceService = game:GetService("MarketplaceService") -- 게임의 모든 거래를 관리하는 인스턴
4    local player = game.Players.LocalPlayer -- 뷰포트를 표시할 플레이어를 저장한 변수
5
6
7    ----------------[[후원 시스템]]----------------
8
9    --StarterGui > DonateFrame ListFrame의 Item1~2을 변수에 저장
10   local BuyButton1 = scr        변경      nt.DonateFrame.ListFrame.Item1.BuyFrame.BuyButton
11   local BuyButton2 = scr                  nt.DonateFrame.ListFrame.Item2.BuyFrame.BuyButton
12
13   local productID1 = 1562494702 -- 10 로벅스 후원 개발자 제품 ID
14   local productID2 = 1562495001 -- 25 로벅스 후원 개발자 제품 ID
15
```

08 예제 소스에서 가져온 '구매시스템.rbxm' 파일을 추가할 때 화면에 함께 추가된 아이템 모델을 클릭했을 때도 똑같이 구매 창이 나타날 수 있도록 스크립트를 작성해 보겠습니다. [탐색기] 창에서 각각의 모델 안에 있는 스크립트들을 열어 동일

한 방식으로 ID를 모두 바꿔야 합니다. 바꿔야 할 스크립트 목록은 다음과 같습니다.

❶ '25' 로벅스 후원 개발자 상품 ID: [Workspace] – [ClickDonation] – [Click_Product_Script]

❷ '더블 점프' 개발자 상품 ID: [Workspace] – [DoubleJump_Pad] – [Touch_Product_Script]

❸ '점프 코일' 게임 패스: [Workspace] – [JumpCoil_Pad] – [Touch_Gamepass_Script]

❹ '스피드 코일' 게임 패스: [Workspace] – [SpeedCoil_Pad] – [Touch_Gampass_Script]

> **NOTE** 예제 소스에서 가져온 스크립트에는 변경해야 하는 게임 패스와 개발자 상품 ID 부분에 주석으로 표기되어 있습니다. 변경해야 하는 ID값을 꼼꼼하게 확인해 보세요!

09 스크립트가 잘 적용되었는지 확인하기 위해 [테스트] 탭의 [플레이]를 클릭해 확인해 봅시다. 게임 화면에서 각각의 모델 이미지를 클릭했을 때 다음과 같이 아이템 구매 창이 잘 뜨는지 확인합니다.

> **NOTE** 게임 아이템 구매 창은 화면 왼쪽에 있는 'SHOP', 'DONATE' 버튼으로 구성하거나, 게임 화면 안의 모델 UI로 구성하는 2가지 방식 중 원하는 것만 가져와서 사용할 수 있습니다. 하지만 구매가 정상적으로 이뤄지려면 반드시 [ReplicatedStorage], [ServerScriptService] 폴더와 스크립트가 있어야 합니다.

기본 옷 판매하기

게임 속 아바타에게 내가 직접 디자인한 옷을 입힐 수 있다면 어떨까요? 로블록스 이용자라면 누구나 자신의 아바타에게 입힐 옷을 제작할 수 있습니다. 보통 로블록스에서 옷은 기본 상의(Classic Shirts)와 기본 바지(Classic Pants), 티셔츠(T-Shirt), 세 가지 종류로 구분됩니다. 기본 상의는 로블록스 아바타의 양쪽 팔과 몸통, 기본 바지는 몸통과 양쪽 다리에만 표시되며, 티셔츠는 몸통 앞에만 표시됩니다. 템플릿이 없어도 아무 이미지나 넣을 수 있습니다.

로블록스에서 기본 옷을 만드는 방법은 마인크래프트의 캐릭터 템플릿으로 스킨을 만드는 것과 매우 흡사합니다. 마인크래프트에서 옷을 만들 때는 머리부터 발끝까지 모두 포함된 64×64 픽셀 크기의 이미지 한 장을 사용합니다. 하지만 로블록스에서는 머리를 제외한 몸통과 다리를 분리해 각각 585×559 픽셀 크기의 상의, 바지 이미지와 128×128 픽셀 크기의 티셔츠 이미지를 사용하기 때문에 보다 섬세한 표현이 가능합니다.

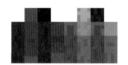

| 마인크래프트 캐릭터 템플릿

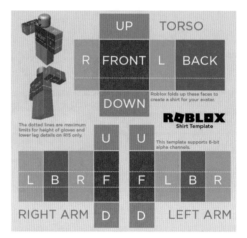

| 로블록스 캐릭터 템플릿

그런데 캐릭터 템플릿은 왜 2D로 구성되어 있을까요? 이것은 마치 펼쳐져 있는 2D의 종이 전개도를 먼저 색칠을 한 다음, 3D의 주사위를 감싸는 것과 같은 원리입니다. 그림을 보면 이해가 쉽습니다.

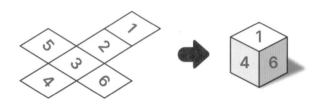

로블록스에는 옷을 쉽게 제작할 수 있는 2D 템플릿이 있습니다. 지금부터 템플릿을 다운로드하는 방법과 완성된 옷을 판매하는 방법까지 함께 알아보겠습니다. 상의를 기준으로 설명한 내용을 참고해 바지도 같은 방법으로 진행하면 됩니다.

여기서 잠깐 · **옷을 판매하려면 로벅스가 필요합니다!**

로블록스 상점에 자신이 만든 옷을 판매하기 위해서는 아이템당 10 로벅스를 지불해야 아이템을 업로드할 수 있습니다. 따라서 자신의 계정에 로벅스가 미리 충전된 상태인지 확인해야 합니다. 단, 티셔츠 업로드는 무료입니다.

01 로블록스 크리에이터 페이지에서 [아바타 아이템] – [셔츠] 탭을 선택하여 [애셋 업로드] 버튼을 클릭합니다.

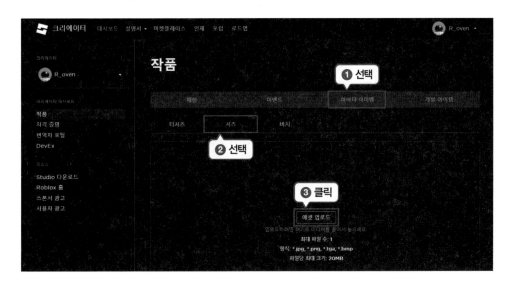

02 '애셋 유형' 바로 아래에 있는 '자세한 정보'를 클릭합니다. 기본 옷에 대한 안내 글 아래에 있는 셔츠와 바지 템플릿을 다운로드하기 위해 이미지를 마우스 오른쪽 버튼으로 클릭하고, [이미지를 다른 이름으로 저장]합니다.

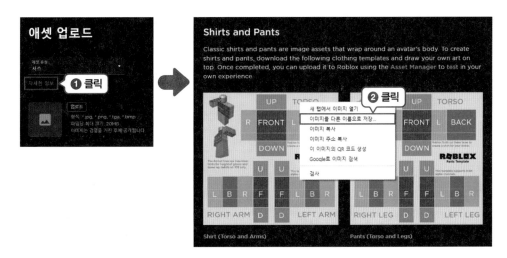

다운로드한 템플릿 이미지는 전부 영어로 되어 있습니다. 좀 더 쉽게 이해할 수 있도록 예제 소스에 한글로 된 템플릿을 준비했습니다. [Chapter 5] 폴더에 있는 '상의템플릿.png'와 '바지템플릿.png' 파일을 사용해 보다 쉽게 이미지를 편집해 보세요!

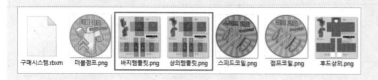

03   다른 이름으로 저장한 상의 템플릿 이미지를 이미지 편집 프로그램으로 열어 편집해 보겠습니다. 여기서는 '포토피아'라는 무료 사진 편집 사이트(Photopea.com)를 이용했습니다.

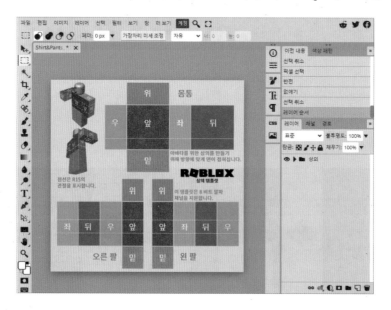

NOTE   포토샵이나 Paint.NET, Gimp 등의 다른 이미지 편집 도구를 사용해도 무방합니다.

04   상의 템플릿 이미지에 앞, 뒤, 좌, 우, 위, 밑 등으로 표시된 영역에 자신이 원하는 이미지를 불러와 사이즈를 조절합니다. 옷의 목둘레나 소매 등 피부를 표현하고 싶은 부분은 해당 영역을 잘라내 투명하게 설정하면 됩니다.

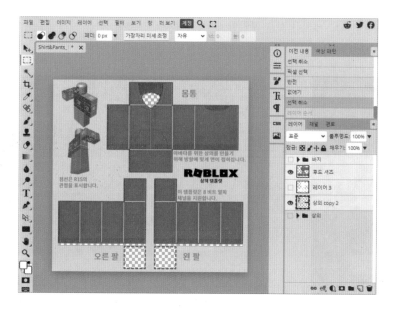

NOTE 예제 소스의 [Chapter 5] 폴더에 있는 '후드상의.png' 파일을 상의 템플릿 이미지로 사용할 수 있습니다.

05 다시 **02** 단계의 [애셋 업로드] 페이지로 돌아와 [업로드]를 클릭하고, 완성한 상의 파일을 업로 드합니다. 셔츠 애셋의 이름을 '후드 상의'로 입력하고, [업로드(10 ROBUX)] 버튼을 클릭해 게시합니다. 기본적으로 셔츠나 바지와 같은 아이템을 업로드할 때는 10 로벅스가 필요합니다.

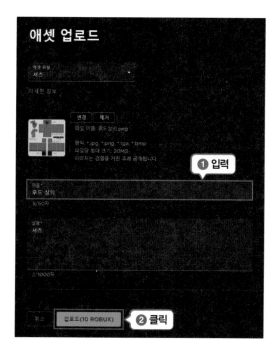

06 셔츠 아이템이 성공적으로 게시된 것을 확인할 수 있습니다. 셔츠 아이템을 클릭해 [판매] 기능을 활성화한 후 '5'로 가격을 설정하고, [변경 사항 저장]을 클릭합니다.

> **NOTE** 바지와 상의의 판매 가격은 최소 5로벅스, 티셔츠는 최소 2로벅스부터 시작합니다.

07 아이템의 더보기 아이콘(∙∙∙)을 클릭해 [새 탭에서 열기]를 선택하면 아이템의 상세 페이지를 확인할 수 있습니다. 내가 만든 아이템은 '이 아이템은 내 인벤토리에 있어요.'라는 메시지와 함께 이미 보유하고 있는 것으로 표시되며, 다른 이용자에게는 초록색 [Buy] 버튼으로 표시됩니다.

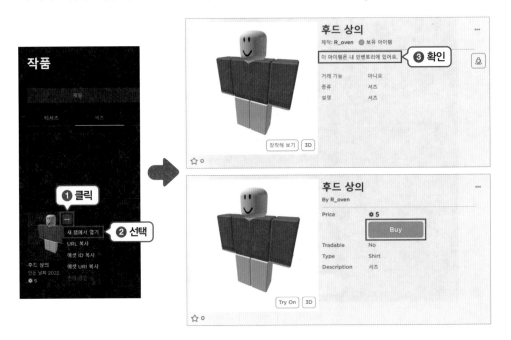

UGC 아이템 판매하기

UGC는 User-Generated Content의 약자로, 아바타에 장착할 수 있는 모든 상의와 바지 등의 각종 아이템을 말합니다. UGC 크리에이터 권한이 있는 이용자에 한해 직접 아이템을 제작해 로블록스 홈페이지에 있는 아바타 상점에서 아이템을 판매할 수 있습니다.

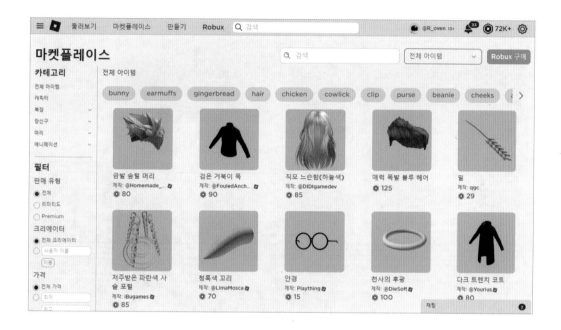

UGC 크리에이터가 되고 싶다면 로블록스 개발자 포럼 사이트에서 UGC 신청 관련 안내와 조건 사항을 읽고, 자신이 직접 만든 작품들과 함께 UGC 신청서를 보내면 됩니다. 아바타 아이템을 직접 제작하려면 이미지 편집 실력이 뛰어나야 합니다. 블렌더(Blender) 3D, 3ds Max 등과 같은 모델링 툴을 이용해 아이템 만드는 방법을 배운 다음, 작품을 완성하고 신청해 보세요. 유튜브나 온라인 강의를 통해 독학으로도 충분히 배울 수 있습니다!

> **NOTE** UGC 크리에이터 권한을 신청하는 방법은 오른쪽 QR 코드에서 확인할 수 있습니다. 모두 영어로 되어 있으므로 번역해서 이용하시기 바랍니다.

Chapter 6

게임
홍보하기

내가 만든 게임을 수백 명의 로블록스 이용자들이 함께 즐길 수 있다면 얼마나 좋을까요? 인기 게임이 되면 로벅스를 많이 벌 수 있고, 수익을 얻기도 쉬워집니다. 6장에서는 게임을 효과적으로 홍보하는 여러 가지 방법에 대해 알아보겠습니다.

6-1 게임 광고하기

게임을 만들고 스토어에 출시했다고 해서 바로 내 게임을 플레이하는 사람들이 많아지는 것은 아닙니다. 이 게임의 무엇이 재미있고, 왜 좋은지 사람들에게 널리 알려야 관심을 끌 수 있습니다. 게임의 인기를 높이려면 반드시 효과적인 홍보 활동이 필요합니다. 이번에는 로블록스의 안과 밖에서 할 수 있는 다양한 게임 홍보 방법에 대해 알아보겠습니다.

사용자 광고 업로드하기

로블록스 홈페이지에 접속하면 좌우에 바로 보이는 것이 이미지 광고입니다. 이 광고를 클릭하면 해당 게임 페이지로 이동하거나 특정 아이템의 구매 페이지, 그룹 페이지로 이동하게 됩니다. 로블록스에서는 이 이미지 광고를 '사용자 광고'라고 부르며, 사용자 광고를 한 번 실행하면 24시간 동안 다른 사람들에게 표시됩니다. 게임뿐만 아니라 자신이 속한 그룹이나 직접 만든 셔츠, 모델 등 홍보하고 싶은 아이템을 이미지로 만들어 광고할 수 있습니다. 지금부터 템플릿을 이용해 광고 이미지를 만들고, 로벅스를 지불해 광고를 업로드하는 방법을 알아보겠습니다.

01 로블록스 홈페이지에서 [만들기]를 클릭해 크리에이터 페이지로 이동합니다. 내가 만든 게임 중에서 광고하고 싶은 게임을 찾습니다. [작품] 페이지에 있는 [체험], [이벤트], [아바타 아이템], [개발 아이템] 모두 광고의 대상이 될 수 있습니다. 여기에서는 4장에서 만든 '다차원 드롭퍼' 게임을 홍보해 보겠습니다. [체험] 탭에서 '다차원 드롭퍼' 게임을 선택하고 화면 왼쪽에 있는 [광고]를 클릭합니다.

02 [사용자 광고 만들기] 페이지로 이동하면 세 가지 종류의 광고 템플릿 사이즈를 볼 수 있습니다. 로블록스 홈페이지에 표시되는 위치를 고려하여 원하는 템플릿을 선택하면 됩니다. 템플릿을 클릭하면 나타나는 샘플 이미지를 선택해 마우스 오른쪽 버튼으로 클릭하고, [이미지를 다른 이름으로 저장]합니다.

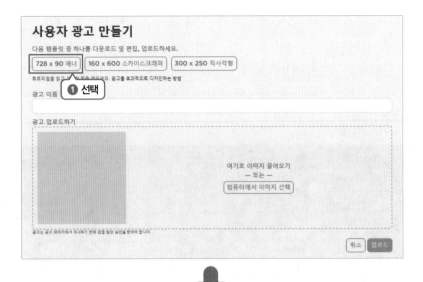

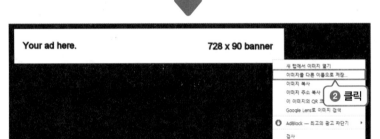

여기서 잠깐 **사용자 광고의 업로드 위치와 크기**

사용자 광고 이미지는 배너, 스카이스크래퍼, 직사각형의 세 가지 사이즈 중 하나를 선택할 수 있습니다. 각각의 템플릿 크기는 실제로 다음과 같은 위치에 업로드됩니다.

· 배너(728×90): 프로필, 메시지, 아바타, 아바타 상점, 검색 페이지, 만들기 페이지의 상단

- **스카이스크래퍼(160×600):** 홈, 메시지, 만들기 페이지, 게임 페이지, 아이템 상세 페이지의 좌우

- **직사각형(300×250):** 프로필 페이지의 하단

03 다운로드한 템플릿 이미지를 포토피아(Photopea.com)에서 불러와 원하는 대로 편집하여 광고 이미지를 완성합니다.

게임을 홍보하는 이미지에는 게임의 특징을 가장 잘 나타낼 수 있는 게임의 배경이나 아이템을 보여주는 것이 좋습니다. 예제 소스의 [Chapter 6] 폴더에 있는 '다차원드롭퍼배너.png' 파일을 가져와 사용할 수 있습니다.

04 사용자 광고 만들기 페이지로 돌아와 [광고 이름 짓기] 항목을 작성합니다. 그리고 밑에 있는 [광고 업로드 하기] 공간의 [컴퓨터에서 이미지 선택] 버튼을 클릭해 완성된 이미지 파일을 가져옵니다. 이미지가 정상적으로 업로드되면 [업로드]를 클릭해 마무리합니다.

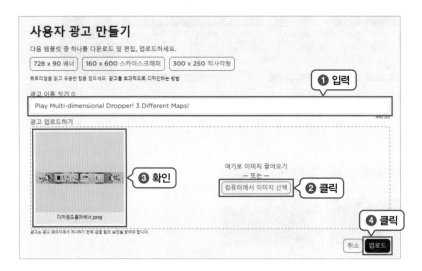

광고의 이름은 다른 사용자가 광고 이미지에 마우스를 올렸을 때 말풍선으로 표시됩니다. 따라서 자신이 만든 게임을 대표하는 키워드나 혜택을 나타내는 문구로 작성하는 것이 좋습니다. 여기에서는 'Play Multi-dimensional Dropper! 3 Different Maps!'라고 작성했습니다.

05 사용자 광고를 업로드하면 나타나는 설정 페이지(User Ads)에서 [Not running]인 광고의 상태를 확인할 수 있습니다.

06 이미지 광고를 실행하기 위해서는 로벅스를 지불해야 합니다. [Not running] 메시지를 클릭해 로벅스 금액을 입력하고 [Run]을 누릅니다. 차례대로 팝업 창의 [Place Bid] – [OK]를 눌러 마무리합니다. 보통 50 로벅스로는 3,000~3,500명, 100 로벅스로는 10,000~17,500명의 이용자들에게 광고가 표시됩니다.

NOTE 그룹이나 그룹의 게임, 그룹에서 판매하는 옷을 광고할 때는 [Use Group Funds]라는 체크박스가 추가로 표시됩니다. 체크박스를 클릭해 그룹 펀드로 결제할 수 있습니다.

여기서 잠깐 **광고의 노출, 클릭 통계 확인하기**

실행 중인 광고의 노출/클릭 횟수, 광고 지출 금액 등의 통계는 로블록스 크리에이터 페이지에 있는 [사용자 광고] – [User Ads] 페이지에서 확인할 수 있습니다. 로블록스에서 실행되는 광고의 양이 매우 많기 때문에 실시간으로는 확인할 수 없지만, 보통 어제 얼마나 많은 사람들이 내 광고를 보고 클릭했는지 알 수 있습니다.

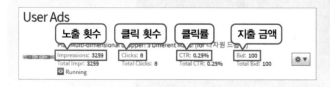

스폰서 광고 등록하기

스폰서 광고가 이미지 광고와 다른 점은 로블록스 홈페이지 상단 탭에 있는 [둘러보기]에 게임 목록이 표시된다는 것입니다. 이미지 광고를 화려한 이미지나 흥미로운 문구로 만들어 이용자들의 눈길을 끌었다면, 스폰서 광고는 특별한 이벤트나 혜택 내용으로 만들어 게시합니다. 광고의 업로드 기간이나 대상을 지정해 광고의 효과를 높일 수도 있습니다. '다차원 드롭퍼' 게임을 스폰서 게임으로 등록해 보겠습니다.

01 로블록스 크리에이터 페이지에서 '다차원 드롭퍼' 게임을 선택하고, 왼쪽 메뉴에 있는 [스폰서]를 클릭해 [스폰서 체험 광고 제작] 페이지로 이동합니다. 광고를 볼 수 있는 사용자의 범위를 가장 넓게 설정하기 위해 [성별]의 '모두', [나이]의 '13-16'과 '17+' 모두, [플랫폼]도 '휴대폰', '태블릿', '컴퓨터', '콘솔' 모두에 체크합니다.

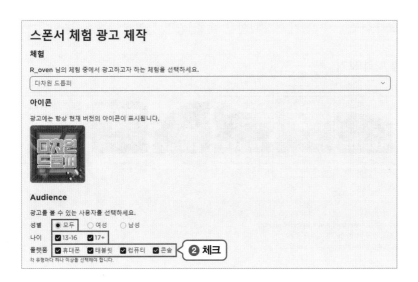

02 [일정]에 몇 일 동안 광고를 게재할지, [일일 예산]에 하루 얼만큼의 로벅스 금액을 지출할지를
입력하면 [요약]에 [총 예산]이 계산됩니다. 여기에서는 [일정]을 '2'일, [일일 예산]을 '100' 로
벅스로 설정해 총 200 로벅스가 지불되도록 제작하겠습니다. 모든 설정이 완료되면 [내 광고
미리 보기] 버튼을 클릭합니다.

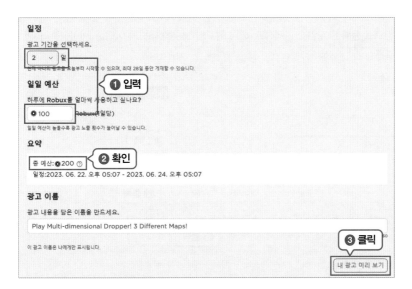

> **NOTE** 스폰서 광고를 처음 제작할 때는 250~500 로벅스 정도의 소액으로 투자하고, 천천히 예산을 늘려 나가는 방향으
> 로 신중하게 결정하는 것이 좋습니다. 물론 [일일 예산]이 많을수록 광고가 더 많이 노출되므로 광고를 클릭하는 횟수도 많아
> 지는 경향이 있습니다.

03 내 스폰서 광고가 어떻게 게재될지 미리 확인한 후, [실행]을 클릭해 광고를 시작합니다.

여기서 잠깐 **스폰서 광고 중지 및 재실행하기**

진행 중인 스폰서 광고는 언제든 중지할 수 있습니다. 로블록스 크리에이터 페이지에 있는 [사용자 광고] – [My Creations] – [Sponsored Ads]를 클릭하면 스폰서 광고 페이지로 이동합니다. [체험 선택] 드롭다운 목록에서 스폰서 게임으로 등록한 게임을 선택하고, 해당 광고의 오른쪽 더보기 아이콘(•••)을 눌러 나타나는 [중지]를 클릭하면 됩니다.

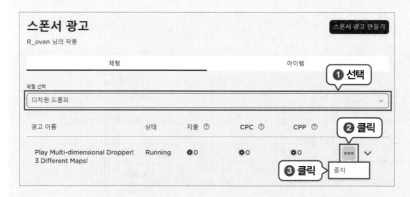

해당 광고의 오른쪽 화살표 아이콘(∨)을 클릭하면 스폰서 광고의 실행 결과를 확인할 수 있으며, 스폰서 게임의 광고 기간이 만료되면 광고의 [상태] 항목이 'Running'에서 'Completed'로 바뀝니다.

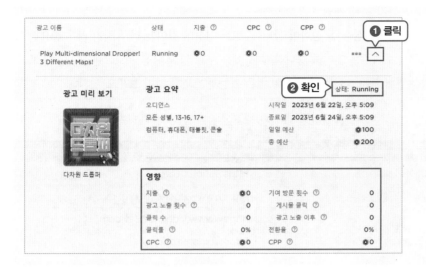

SNS 활용하기

더욱 손쉽고 빠르게 게임을 홍보하는 방법은 바로 SNS를 활용하는 것입니다. 유튜브나 트위터, 페이스북, 디스코드 등 사람들이 많이 이용하는 SNS에 게임을 홍보하는 글이나 영상을 올리면 빠르게 인지도를 높일 수 있습니다.

유튜브

요즘에는 무언가를 검색할 때 유튜브(Youtube)를 제일 먼저 찾습니다. 관련 영상을 찾는 것이 글을 읽는 것보다 생생한 정보를 얻을 수 있기 때문입니다. 특히 유튜브는 로블록스 게임을 좋아하는 많은 사람들이 찾아보는 플랫폼이기 때문에 가장 효과적입니다.

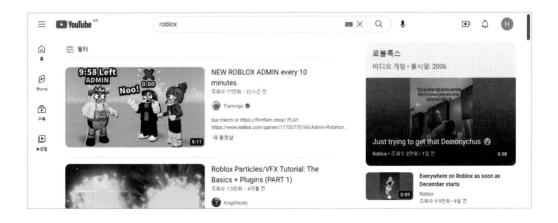

유튜브에 영상을 업로드하기 위해 게임의 홍보 영상을 만들 때는 게임의 콘셉트와 즐길 거리, 특별히 자랑하고 싶은 것 등 게임의 핵심을 잘 담아야 합니다. 또한 영상의 길이가 너무 길지 않게 중요한 부분만 짤막하게 편집해서 보여주는 것이 좋습니다. 처음에는 무료 영상 편집 프로그램을 사용해 보고, 익숙해지면 유료 영상 편집 프로그램을 사용해 더 많은 기능과 효과를 넣어 보세요.

▎영상 편집 프로그램

구분	프로그램명	다운로드 사이트
무료	ShotCut(샷컷)	https://shotcut.org
	OpenShot(오픈샷)	https://www.openshot.org/ko
	VSDC	https://www.videosoftdev.com
유료	Hitfilm Express(히트 필름 익스프레스)	https://fxhome.com
	Davinci Resolve(다빈치 리졸브)	https://www.blackmagicdesign.com/products/davinciresolve
	Adobe Premiere Pro(어도비 프리미어 프로) (월 구독료 24,000원)	https://www.adobe.com/kr/products/premiere.html

트위터와 페이스북

만약 홍보 영상을 만들기가 너무 어렵거나 시간이 오래 걸린다면 트위터(Twitter)나 페이스북(Facebook)에 간단한 글을 업로드해 홍보할 수도 있습니다. 트위터는 140자 정도의 짧은 게시글로 소통하는 소셜 네트워크 서비스입니다. 로블록스의 이용자들은 공개적으로 게임을 홍보하거나 자신의 개발물을 자랑하고 싶을 때 트위터를 자주 이용합니다. #Roblox, #RobloxDev와 같은 해시 태그를 사용하면 관련 게시글을 빨리 찾을 수 있어 더욱 효과적입니다. 마찬가지로 페이스북에서도 해시 태그를 사용할 수 있으니 참고하세요!

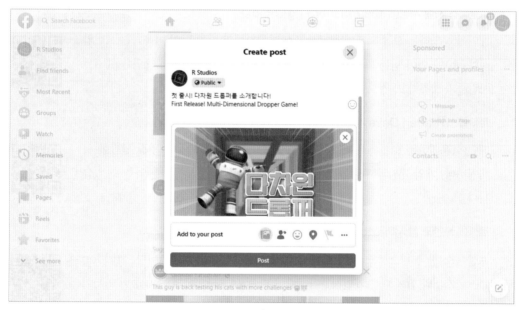

디스코드

디스코드(Discord)는 카카오톡의 그룹 채팅과 같은 방식으로 채팅 서버를 만들고, 사람들을 초대해서 대화할 수 있는 채팅 프로그램입니다. 텍스트와 음성, 화상 통화까지 할 수 있어 특히 여러 사람이 함께 게임을 즐길 때 많이 이용합니다.

모바일 기기 및 **PC**에서도
마음껏 대화를 나눌 수 있어요

디스코드를 통해 소통하는 로블록스 이용자들이 많기 때문에, 디스코드에는 로블록스 공식 서버와 관련된 서버도 많이 있습니다. 다음 서버들에 접속해 많은 사람들과 소통해 보세요!

• 로블록스 사설 서버(https://discord.gg/roblox)

개인이 운영하는 사설 서버지만 로블록스 이용자들이 가장 많이 이용하는 서버입니다. 89만 명이 넘는 가입자들이 있습니다. 전 세계의 로블록스 게임을 즐기는 사람들과 소통하고, 정보를 얻을 수 있습니다.

• 로블록스 Hidden Devs 서버(https://discord.gg/hd)

개인이 운영하는 로블록스 디스코드 서버 중 이용자들의 활동이 가장 활발한 서버입니다. 게임 개발과 관련한 소통과 자랑, 토론 등의 많은 정보를 얻을 수 있습니다.

• 로블록스 한국 샵 서버(https://discord.gg/KMHtmTSdXA)

로블록스 한국 디스코드 서버 중 인지도가 높은 서버 중 하나입니다. Hidden Devs 서버와 함께 다른 개발자들과 소통하며 자랑, 채용, 모델 판매 등이 이루어집니다.

로블록스 리소스 활용하기

지금까지 로블록스 게임 제작의 기초부터 실습, 수익화와 홍보 방법까지 많은 것을 알아보았습니다. 로블록스는 지금도 계속해서 발전하고 있기 때문에 한 번 배우고 끝나는 것이 아니라, 꾸준히 배우고 실습하는 과정이 필요합니다. 새로운 내용이 업그레이드되는지 자주 관심 있게 살펴보는 습관을 기르는 것이 좋습니다.

참고하면 좋을 사이트

게임을 만들다 보면 생각하지 못했던 오류가 생기거나 해결하기 어려운 문제에 부딪힐 때가 있습니다. 이럴 때는 로블록스에서 제공하는 공식 문서나 관련 사이트를 참조하는 것이 좋습니다. 로블록스 게임을 만들 때 알아두면 좋은 사이트를 소개하겠습니다.

로블록스 공식 문서

로블록스 공식 문서(https://create.roblox.com/docs)에는 로블록스 게임과 관련된 모든 설명이 있습니다. 로블록스 스튜디오 API(Application Programming Interface)에 대한 튜토리얼, 루아 언어 코딩에 쓰이는 모든 객체와 속성에 대한 설명, 초보자를 위한 가이드 등이 포함되어 있습니다. 특히 게임 제작의 기초부터 출시까지의 모든 과정을 튜토리얼로 제공하고 있기 때문에 막히는 부분이 있을 때 참고하기 좋습니다. [설명서(Documentation)]의 주요 카테고리는 다음과 같습니다.

- **Overview:** 로블록스 게임과 관련한 모든 설명과 활용 방법을 검색하여 확인할 수 있습니다.
- **Engine:** 로블록스의 루아 언어 코딩에 쓰이는 객체와 용어, 함수, 속성 등에 대해 설명합니다.
- **Cloud:** 웹을 통해 로블록스의 콘텐츠를 관리하는 방법이 자세하게 안내되어 있습니다.

로블록스 개발자 포럼

로블록스 개발자 포럼(https://devforum.roblox.com)은 로블록스 개발자들이 게임과 관련된 기술 토론에 참여하면서 오류가 있거나 궁금한 사항이 있을 때 서로의 의견을 공유하는 공간입니다. 로블록스 계정이 있다면 누구나 가입할 수 있고, 개발과 관련된 최신 정보를 찾아보거나 직접 질문할 수 있습니다.

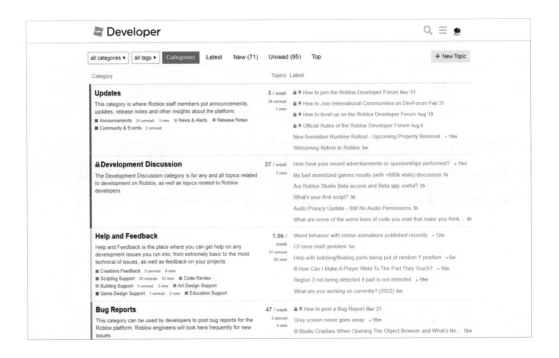

NOTE 개발자 포럼에 중복되는 질문이 존재하면 관리자들이 자체적으로 글을 삭제합니다. 궁금한 내용이 있다면 관련 내용이 있는지 먼저 검색한 후 질문을 올리는 것이 좋습니다.

마치면서

로블록스는 지금 이 순간에도 발전을 거듭하고 있습니다. 평소에 상상했던 게임을 만들어 보고 싶었거나 게임 개발의 과정을 익히고 싶었다면, 간단하고 쉽게 게임을 제작할 수 있는 로블록스가 그 무엇보다 좋은 선택이 될 것입니다. 이 책을 따라해 보면서 지금까지 배운 게임 개발의 과정을 토대로 유니티나 언리얼 엔진 등과 같이 더욱 전문적인 게임 개발 도구에도 충분히 도전할 수 있습니다. 여러분은 이미 중요한 한 발을 떼었습니다. 이제 무궁무진한 가능성이 눈앞에 펼쳐질 것입니다.

자신이 평소에 만들고 싶었던 게임들을 실제로 제작하고, 판매하는 과정을 즐겨 보세요. 단순히 게임을 즐기기만 하는 것이 아니라 수익을 얻고, SNS를 활용해 여러 커뮤니티에서 나와 비슷한 관심을 갖고 있는 친구들을 사귈 수 있습니다. 또한 커뮤니티를 통해 자신의 게임이 보완해야 할 점이나 더 발전시켜야 할 점들도 알게 될 것입니다.

로블록스에서 만든 게임과 모델 등을 포트폴리오로 만들어 놓고 게임과 관련된 직업을 갖는 미래를 꿈꿔 보는 것도 좋습니다. 상상했던 게임을 로블록스에서 실현해 보세요! 이 모든 과정이 앞으로 여러분의 꿈을 위한 소중한 자산이 될 것입니다.

찾아보기

찾아보기